烟台工贸技师学院职业素养培养系列丛书

地陪导游服务

邢伟凤 ◎主编

中国书籍出版社
China Book Press

图书在版编目（CIP）数据

地陪导游服务 / 邢伟凤主编. -- 北京：中国书籍出版社，2017.10
　ISBN 978-7-5068-6594-4

Ⅰ.①地… Ⅱ.①邢… Ⅲ.①导游-旅游服务-高等职业教育-教材 Ⅳ.①F590.63

中国版本图书馆 CIP 数据核字(2017)第 271822 号

地陪导游服务

邢伟凤　主编

责任编辑	丁　丽
责任印制	孙马飞　马　芝
封面设计	管佩霖
出版发行	中国书籍出版社
地　　址	北京市丰台区三路居路 97 号（邮编：100073）
电　　话	（010）52257143（总编室）　　（010）52257153（发行部）
电子邮箱	eo@chinabp.com.cn
经　　销	全国新华书店
印　　刷	青岛金玉佳印刷有限公司
开　　本	787 mm × 1092 mm　1 / 16
字　　数	215 千字
印　　张	11
版　　次	2018 年 1 月第 1 版　2018 年 1 月第 1 次印刷
书　　号	ISBN 978-7-5068-6594-4
定　　价	30.00 元

版权所有　翻印必究

本书编委会

主　任　张　丛　于元涛

副主任　梁聪敏　李翠祝　孙晓方　王宗湖
　　　　　李广东

委　员　于　萍　李　红　任晓琴　邓介强
　　　　　路　方　王翠芹

主　编　邢伟凤

副主编　赵仁平　刘仲雨　林洪丽　王洪军
　　　　　张云萍　李　丹

前　言

　　本书是旅游服务类专业的核心课程系列教材之一，旨在通过该课程的教学，让学生具备接待游客的基本职业能力，培养学生从事地陪导游讲解相关知识的工作技能。

　　本教材编写时，以就业为导向，以旅游服务类专业学生应具备的岗位职业能力为依据，遵循学生的认知规律，紧密结合地陪导游讲解工作的程序和技能要求，确定项目模块和课程内容。通过创设地陪导游服务工作情景，组织学生实际操作，倡导学生在做中学，使学生掌握地陪导游服务的基本操作要领，加深对专业知识技能的理解和应用，培养学生的综合职业能力，满足学生职业生涯发展的需要。

　　本教材的编写主要围绕项目活动进行。通过任务引领型的项目活动的教学，使学生能掌握地方陪同导游接待服务流程及相关知识，能够出色完成与导游接待岗位相关的工作任务。

　　本教材的每一任务模块中，首先提出具体的工作任务，接着分析完成任务所需的相关知识，然后介绍完成任务的步骤，最后让学生进行自我和相互的评价，课外还注重项目活动的延伸，内容实用有效。"同步案例"给学生以必要的警示和有益的启迪；"知识链接"为学生参加导游资格考试夯实了基础，而知识拓展则为学生提供了有益的专业知识补充。

　　本书建议教学学时为72学时。具体分配在如下表（供参考）：

服务准备	10
接站服务	8
入住饭店服务	4
参观游览服务	26
用餐服务	4
购物服务	8
送团服务	6
后续服务	6

　　本书在编写过程中得到了学校领导和系部老师的支持，并查阅了大量专家学者的相关文献，在此一并表示诚挚感谢。

　　由于编写时间仓促，加之编者水平有限，书中难免存在遗漏或不足之处，真诚地希望专家、读者批评指正，以便使我们再版时进行修改和完善。

编　者
2017 年 5 月

目录 CONTENTS

任务一　服务准备 2

任务二　接站服务 26

任务三　入住饭店服务 36

任务四　参观游览服务 43

任务五　用餐服务 97

任务六　购物服务 115

任务七　送团服务 128

任务八　后续工作 144

附　　录 148

地陪导游服务

地方陪同人员，简称地陪。地陪是接受当地接待旅行社的委派或聘用，代表当地接待旅行社执行组团社的接待计划、提供当地导游服务的人员。地陪是旅游计划的具体执行者，对确保旅游计划的顺利落实起着关键作用。一名合格的导游，首先必须是一名合格的地陪人员。

地陪导游服务流程如下：

服务准备→接站服务→入住饭店服务→参观游览服务→用餐服务→购物服务→送团服务→后续服务

任务一　服务准备

任务目标

1. 能从接团计划书和游客信息表中找出关键信息，做好行程安排。
2. 明确导游员角色定位，从思想上做好服务准备。
3. 熟知游客的旅游动机，做好应变准备。
4. 了解旅游团的种类，以便于在实际工作中开展针对性服务。
5. 能按照要求做好物质准备。
6. 能按服务准备的操作规程做好接团前准备。
7. 能按照导游员职业化形象要求来塑造自己。
8. 能按活动要求填写评价表。
9. 能主动获取有效信息，展示活动成果，对学习与工作进行总结反思，能与他人合作，进行有效沟通。

课时安排

10课时

任务描述

西安康辉旅行社派出一个旅游团将于10月2日至4日到烟台旅游，烟台阳光旅行社派你作为该旅游团的地陪。随即旅行社计调将一份旅行社接待计划书（见表1-1）及游客信息表（见表1-2）交给你，作为地陪，你应做好哪些服务准备工作？

表1-1 旅行社接待计划书

组团单位	西安康辉旅行社		团号	151002A	国家或地区	西安
旅游团人数：20人			组团社计调		张×× 133××××	
男：11人	女：9人	70岁以上老人：0人	12岁以下儿童：2人		全陪	何×× 133××××
旅游交通	抵达	10月2日 乘CA1778班机（次车船）16:40时抵蓬莱潮水机场				
	离开	10月5日 乘HU7862班机（次车船）13:00时离蓬莱潮水机场				
	城市间	车型：金龙大巴　座数：23　司机：张先生　电话：137××××				
住宿安排	酒店名称：烟台山宾馆			用车安排	车辆单位：烟台交运集团旅游车队	
					车型座位：金龙23座	
	房间数：双人间11间				司机：陈×× 电话：137××××	
行程	活动内容			入住饭店	用餐	
	D1：莱山机场接团 CA1778 16:40			烟台山宾馆	晚餐：烟台山宾馆	
	D2：游览烟台山景区、张裕酒文化博物馆、参观滨海路广场，晚上夜游华夏			威海阳光大酒店	早餐：蓝白快餐 午餐：三合园饺子 晚餐：韩餐	
	D3：参观刘公岛甲午海战博物馆、中餐品尝八仙宴，下午参观海产品展览馆、自由活动			蓬莱阁大酒店	早餐：阳光大酒店 午餐：八仙宴	
	D4：游览蓬莱阁景区				早餐：蓬莱阁大酒店	
备注	1. 西安—银行中层管理人员旅游团 2. 团队餐安排3早餐4正餐，10月4日晚餐自理 3. 旅游团中有两个素食者，一个穆斯林教徒					
计调	江×× 电话：135××××		地陪导游	钱×× 电话：××××		团队等级：豪华团

表 1-2 游客信息表

序号	姓名	身份证号码	性别	年龄	电话	备注
1	张××	×××	男	39	×××	父子
2	张××	×××	男	8	×××	
3	王××	×××	女	36	×××	母女
4	谢××	×××	女	9	×××	
	李××	×××	男	38	×××	
…	……	……	……	……	……	……
14	杜××	×××	女			素食者
	刘××	×××	女			
	罗××	×××	男			
	丁××	×××	女			
	朱××	×××	男			穆斯林教徒
	黄××	×××	女			素食者
	何××	×××	男			

任务分析

此次接待的是来自西安一家银行的豪华旅游团，在拿到出团计划书后，地陪要认真阅读接待计划书，了解组团社和团队成员的情况，分析旅游团吃、住、行、游、购、娱的相关信息，制定详细的接待日程计划，落实接待事宜，做好物质、知识、形象、心理等方面的准备。

任务实施

根据班级人数，将学生分为4~6人一组。以小组为单位认真阅读任务描述，获取信息，进行分析，按照操作规程完成工作任务。

一、熟悉研究接待计划

接待计划是组团社委托当地接待社组织落实旅游团活动的契约性安排，是地陪了解该团基本情况和落实活动日程的主要依据。地陪应认真阅读接待计划和有关资料，详细、准确地了解旅游团的服务项目和要求，重要事宜需做记录。

1. 旅游团的基本信息（见表1-3）

表1-3

组团社名称	
团号	
收费标准与结算标准	团队全包价
组团社计调及其联系电话	
全陪及其联系电话	
旅游团等级	

2. 旅游团员基本情况（见表1-4）

表1-4

人数	
男女比例	
成人与小孩人数	成人：　　　　　　小孩：
年龄结构	12岁以下2人，50岁以上3人，其余都在30~49岁之间，属于中青年旅游团
职业情况	
文化层次	
宗教信仰	
特别要求	

3. 分析住宿情况

熟悉旅游团下榻的烟台山宾馆的基本情况，如位置、行车路线、星级档次、设施、联系方式等。本旅游团出现了单男和单女的情况，要注意排房技巧。

住宿安排：

4. 分析餐饮情况

本旅游团含三早餐、四正餐，要掌握用餐标准和用餐地点，了解用餐的基本情况。关于两名素食者和一名穆斯林教徒，要事先与酒店沟通，提醒餐厅做好相应的服务准备。

餐饮情况：

---

5. 分析交通情况（含往返交通、当地交通）

交通情况：

---

6. 分析参观游览的景区景点情况

掌握旅游行程中的具体内容和各景点的具体位置，熟悉各景点的行车路线，熟悉计划内和计划外景点的情况。

参观情况：

---

7. 分析文娱活动情况

熟悉计划行程中的文娱活动项目和时间安排，熟悉文娱活动场所的行车路线，准备相关材料，以备向游客介绍。本旅游团有观看吕剧的安排，因此要准备好介绍山东的地方剧种的相关知识，特别是吕剧、山东梆子。

二、制定详细活动日程

虽然在接待任务表中已经列出了旅游团队在本地的主要活动项目，但这只是一个简要列举，并不能满足地陪开展实际操作的需要。为了防止在实际工作中出现失误，地陪要主动向计调人员或其他有着丰富带团经验的导游请教，制定旅游团在本地的详细活动日程。如遇旅游旺季，日程安排宜赶早，并要留有余地。

详细的活动计划应包含的主要内容有：接站与送站的时间与地点，每日出发及结束时间，每日游览交通路线及所需时间，每日用餐时间及地点，每个游览景点的先后顺序及时间安排，自由活动和购物的时间及地点，按照接待项目的轻重缓急顺序进行。

以下是本旅游团在烟台的活动日程安排：

D1：下午乘CA1778航班16:40抵达蓬莱潮水机场，下榻烟台山宾馆，18:00在烟台山宾馆用晚餐。

D2：7:00叫早，7:30用早餐，8:00出发前往烟台山景区，游览英国、美国丹麦领事馆旧址，惹浪亭景点和冰心纪念馆等景点。然后出发到张裕酒文化博物馆参观，品尝张裕葡萄酒。11:30在三合园酒店用中餐。下午13:00游览滨海广场，13:30出发前往威海，晚上到达威海，在韩餐厅用晚餐，19:00前往华夏城观看夜游华夏景点，21:00 回阳光大酒店。

D3：_____

_____

_____

D4：_____

_____

_____

同步案例

小李带团很成功，她的最大特点是避免重复和雷同。为此，她在接到行程后总要认真研究，与计调商量，尽可能使活动内容搭配得合理、精彩。她知道游客来到异国他乡，不仅需要游览到向往的景点，更需要获得身心的愉悦和满足。作为导游，自己是组织游览活动的核心人物，实质上掌握导游活动的主动权。能否满足游客的愿望，与自己把握好游览活动中的内容搭配是分不开的。她深知地陪在活动内容的搭配上是否妥当、活动节奏是否合理，这些都会影响游客的情绪和心理活动。她的做法是，首先，游览景点安排要避免雷同，当天的游览活动应尽量避免重复。如上午安排参观寺庙，下午就可安排游览园林或参观工厂；又如上午安排游览溶洞，下午便游览市区等，始终让游客保持浓厚的兴趣。其次是把游览、购物和娱乐结合好，这样既满足了个人的需要，也是旅游项目必不可少的活动。此外，她还根据天气预报，及时提醒游客预防恶劣天气，特别情况下适当做行程调整。

分析点评

地陪要根据团队在本地的逗留时间、必须游览的景点及游客特点等情况，灵活而有针对性地编制最佳的接待日程表。

三、落实相关事宜

地陪在旅游团抵达的前一天，应与有关部门或人员落实、检查旅游团的交通、食宿、行李运输等事宜。

1. 落实旅游车辆

与司机联系，了解车况，问清车号、车型，要特别注意车型是否与旅游团人数相符合，约定14:00在烟台火车站广场汇合，共赴蓬莱潮水机场，并告知活动日程和具体时间。如果是接待大型旅游团，车上应贴上编号或醒目的记号。如果是接待有行李的团队或者VIP旅游团，还要与行李员联系，并约好与接团车一同前往接站地点。

2. 落实住房与用餐

与烟台山宾馆总台联系，确认是否按预订的要求落实11间双标房，住3晚。分别与烟台山宾馆、蓝白快餐（一早）、三合园酒店（一正）、蓬莱阁大酒店（一正）、韩国料理店（一正）落实用餐情况，包括日期、用餐人数、餐饮标准、用餐要求等。

3. 落实参观游览项目

地陪要十分清楚接待任务上的各项参观及游览项目的目前情况（是否近期整修、闭馆等），尤其是对于一些特别的旅游活动项目（如文娱表演等），更要非常清楚其活动要求与注意事项。如果在进行这一项落实工作时发现与旅行社的接待任务有出入，要及时向旅行社汇报，做出合理恰当的调整。对新的旅游景点或不熟悉的参观游览点，地陪应事先了解其概况（开放时间、最佳游览路线、厕所位置等），以便游览活动顺利进行。

同步案例

某地陪于11月1日下午15:30带团来到故宫的售票处前，正在他准备买票之时，售票口的小窗户"啪嗒"一声关上了。他急忙询问原因，售票员告诉他："自即日起故宫实行淡季时间表，下午15点30分停止售票。"这位地陪顿时就傻眼了：该团游客第二天早上乘飞机飞西安，这意味着他们此次来北京旅游已经没有机会参观紫禁城了。无论他怎样解释、恳求，最终也未能说服售票员破例让他的团进去。

分析点评

安排落实参观游览活动，无疑是地陪的重要任务，因此地陪务必切实落实好各项参观游览项目，要把握清楚各项参观游览项目的即时信息，尽量避免案例中类似事故的发生。

4. 落实其他事宜

对于其他事宜，如是否配备行李车、是否需要提前办理有关通行证件、是否需要代表旅行社赠送礼品等，地陪也应提前落实好。

5. 与全陪联系

地陪应和全陪提前约定接团的时间、地点，防止漏接或空接事故的发生。

四、做好物质准备

1. 领取必要的票证和表格

必要的票证和表格包括门票结算单、旅游团餐饮结算单、游客意见反馈表等。

2. 备齐上团必备的证件和物品

(1) 带团必备用品，如导游旗、导游证、身份证、接待计划、接站牌、扩音器、导游图、记事本等。

(2) 个人必备用品：如自备药品、生活用品、通信联络设备等。

个人必备物品有：_____

_____

_____

_____

3. 支取足够的经费

根据接待计划的内容做好开支预算，向财务部支取足够的团款并妥善保管好。

同步案例

北京××旅行社的导游小林跟着社里有十年工作经验的老导游老赵上团学习。

第一天，游客正在故宫御花园拍照留念时，突然一位男士面露难色地拉住老赵小声地说了句什么，老赵不露声色把小林叫到一边从随身背包里拿出一根皮带给小林，让他带刚才的游客去卫生间，原来那位男士皮带突然断了，提着裤子好一会儿了，所以刚才问老赵哪有卖皮带的。小林心想老赵真有心，包里居然还装有备用皮带。第二天，刚爬长城时有位游客凉鞋扣断了，差点要赤脚爬长城，老赵从背包里拿出502胶水帮游客把鞋给修好了。

小林佩服老赵讲得好、对游客热情细心，更感兴趣的就是老赵的背包。老赵告诉小林，他的包里除了装团款、签单、地图等上团必备用品外，还有一些是游客服务用品，像创可贴、酒精棉球、皮带、鞋带、针线等，很多东西虽小，但在关键时刻却能解决大问题。小林感慨：做个好导游还真有好多方面要学习，老导游的"百宝箱"让他受益匪浅。

分析点评

本案例中老赵的"百宝箱"中的东西与其说是"宝物"，不如说是老赵利用十年的带团经验，根据游客经常出现的小问题而做的充分、用心的物质准备。

五、做好知识准备

1. 更新常规知识

本地概况、风俗习惯、风物特产、主要旅游景点等常规知识具有一定的稳定性，但也有可能会发生变化，地陪要及时更新。

2. 增加与本次旅游活动相关的知识

地陪要了解与本次旅游活动相关的知识，如客源地（西安）概况知识、游客职业背景等。

3. 掌握不熟悉的景点知识

对新的景点或不常去的游览景点，地陪应事先查找资料、踩点以熟悉相应情况。如团体票购地点、开放及关门时间、游览线路、所需时间、厕所位置、停车场位置等，以便游览活动顺利进行。

4. 准备即时信息

即时信息，是指经常变化的信息，如天气情况、热门话题、国内外重大新闻等游客可能感兴趣的话题。准备好即时信息，有利于与游客交流。

六、做好形象准备

地陪在宣传旅游目的地、传播中华文明方面起着重要作用，也有助于在游客心目中树立导游的良好形象。因此，地陪在上团前要做好仪容、仪表方面的准备，如着装要符合本地区、本民族的着装习惯和导游的身份，衣着大方、整齐、简洁，要方便导游服务工作；佩戴首饰要适度；上团时将导游证佩戴在正确位置等。

树立良好形象是指导游要在游客心目中确定可信赖、可以帮助他们和有能力带领他们安全、顺利地在旅游目的地进行旅游活动的形象。导游在游客心目中树立良好的导游形象，主要还是靠自己的主观努力和实际行动。

1. 重视"第一印象"

在人际交往中，给人留下的第一个印象是至关重要的。如果一个人在初次见面时给人留下了良好的印象，就会影响人们对他以后一系列行为的评判和解释，反之也是一样。

导游在仪表仪容上应着重注意以下几个方面：第一，导游的着装。着装时要符合导游身份，并追求风格的和谐统一。切忌穿着奇装异服，或一味追求高档名牌服装，哗众取宠。必须将导游胸卡和工作牌佩戴在胸前，以表明导游的身份；第二，导游的修饰。服装整洁、大方、自然，佩带首饰要适度，不浓妆艳抹、花枝招展，发型要符合身体特征和工作特点，体现高尚的情趣。既不能太注重修饰自己，又不能衣冠不整、不修边幅；第三，导游的个人卫生。应保持面部整洁，注意皮肤的护理和修饰，保持头发的清洁，指甲要常修常剪。

导游的仪态谈吐应注重以下几方面：第一，精神饱满，乐观自信，自尊而不狂傲，热情而不谄媚，活泼而不轻佻；第二，站、行、走有度，但不矫揉造作；第三，语言要文明礼貌，表达对游客的关心和尊重，内容要有趣，词汇生动，不失高雅脱俗，语速快慢相宜，亲切自然，音量适中、悦耳。

2. 维护良好的形象

良好的第一印象只是体现在导游接团这一环节，而维护形象则贯穿在导游服务的全过程之中，因此，维护形象比树立形象往往更艰巨、更重要。有些导游只注意接团时的形象，而忽视在服务工作中保持和维护良好的形象，与游客接触的时间稍长一些，就放松了对自己的要求，例如不修边幅、说话不注意、承诺不兑现、经常迟到等，于是在游客中的威信逐渐降低，工作自然不好开展。导游必须明白良好的第一印象不能"一劳永逸"，需要在以后的服务工作中注意维护和保持，因为形象塑造是一个长期的、动态的过程，贯穿于导游服务的全过程之中。导游在游客面前要始终表现出豁达自信、坦诚乐观、沉着果断、办事利落、知识渊博、技能娴熟等特质，用使游客满意的行动来加深、巩固良好的形象。

3. 留下美好的最终印象

心理学中有一种"近因效应"，它是指在人际交往中，最后给人留下的印象对人有强烈的影响。美国一些旅游专家有这样的共识：旅游业最关心的是其最终的产品——游客的美好回忆。若导游留给游客的最终印象不好，就可能导致前功尽弃的不良后果。一个游程下来，尽管导游已感到很疲惫，但从外表上依然要保持精神饱满而且热情不减，这一点常令游客对整个游程持有肯定和欣赏的态度。同时导游要针对游客此时开始想家的心理特点，提供周到的服务，不厌其烦地帮助他们，如选购商品、捆扎行李等。致欢送辞时，要对服务中的不足之处诚恳道歉，广泛征求意见和改进建议，代表旅行社祝他们一路平安，真诚地请他们代为问候亲人。导游此时以诚相待是博取游客好感的最佳策略。在仪表方面要与迎客时一样穿着正装，送别时要行注目礼或挥手示意，一定要等飞机起飞、火车启动、轮船驶离后方可离开。美好的最终印象能使游客对即将离开的旅游目的地和导游产生较强烈的恋恋不舍的心情，从而激起再游的动机。游客回到家乡后，通过现身说法还可起到良好的宣传作用。

旅游服务人员应该具备的性格：第一，保持理智。当出现差错或游客抱怨时，要保持耐心和理解，平静地处理出现的问题。这就需要我们在与不同层次的游客打交道时能熟练而灵活地运用公关知识，随机应变处理问题，搞好各方面的关系。第二，保持轻松的风格。一名能使游客愉快、有幽默感和智慧的旅游工作者比一名认真却没有笑容的人更具吸引力。第三，保持热情的个性。第四，行使领导权。导游在接待初期就要树立领导者的权威，明确要做什么和怎样去做，出了问题能全面控制局面，这样游客就会对其能力表示信任，并感到轻松自在。

七、做好心理准备

有句顺口溜这样描写导游的生活："导游苦，冬生冻疮夏中暑；导游累，最早起床最晚睡；导游气，无人喝彩干着急。"所以，从事导游服务工作仅有热情和激情是不够的，还必须做好充分的心理准备。

1. 准备面临艰苦复杂的工作

地陪接团时，不能只考虑到按正规的工作程序要求，为游客提供热情服务，还要有在遇到问题、发生事故时应如何面对和妥善处理的思想准备。

2. 准备承受抱怨和投诉

导游工作手续繁杂，工作量大。有时，导游虽然已经尽其所能热情地为游客服务，但还会遇到一些游客的抱怨、指责，甚至投诉的出现。因此，地陪在上团之前，一定要有足够的心理准备，要冷静、沉着地面对抱怨和投诉，为游客提供优质服务。

旅游服务人员初次带团易出现的问题：精神高度紧张、心理压力过大、碰到问题不知如何解决、害怕与游客交流、不知如何与全陪领队及司机沟通合作。导游可从以下几个方面进行调节：

（1）克服害羞症，敢于"暴露自己"。

害羞症是指人与人之间初次交往时过多地注意约束自己的言行，导致言行拘谨，甚至使自己的言行"畸形"：言不由衷或言行不一致。人际交往的成败很大程度上取决于各自的"自我暴露"程度。所以，作为导游，尤其是初次带团的导游应尽可能做到坦白自我。

（2）增强自信心，克服自卑感。

初次带团的导游的自卑心理来自于两个方面：一是认为导游与游客是不平等的关系；二是认为新导游无经验，达不到老导游的水平。其实，导游与游客在角色上是不平等的，但人格上是平等的；新导游虽然在经验和技能上比不过老导游，但是新导游也有自己的长处和特色。因此，新导游应该克服自卑心理，增强自信心。

（3）认真准备，虚心请教。

作为初次带团的导游，在上团前一定要认真做好准备工作，尽可能把工作做在前面。在准备过程中，碰到不懂的问题，可向有经验的老导游请教。在导游服务过程中，虚心地向司机、其他导游请教。

同步案例

"心理暗示出的错"

春节将近，旅游旺季也到了，某旅行社通过公开招聘，培训了一批新导游。为了保证新导游的接待质量，旅行社安排他们跟随老导游实习一个月。小李经过一系列培训合格后，终于拿着心爱的导游旗上团了。当她把游客引导上旅游车，介绍自己与司机后，就开始按旅游车经过的路线，详细地介绍起沿途的景观。可是，渐渐地，她的言语就不那么流畅，变得结结巴巴起来，到最后，竟然语无伦次。当旅游团队抵达酒店以后，领队马上把电话打给了地接旅行社经理，要求换人。为了旅行社的声誉，经理把小李换了下来。回到旅行社，经理问小李："你是怎么搞的？培训时的成绩最高，跟团实习的时候表现也不错，怎么自己刚一上团，就让领队给投诉了？"小李哭着说："主要是我越讲越害怕，说话也就结巴了。""害怕？这就奇怪了！当导游都有第一次独立带团的经历，如果人人害怕，游客上哪儿找导游啊！关键是你怕什么？"小李回答："一开始时，应该说一切正常。后来我发现，游客的眼睛都怪怪地看着我。他们不是直愣愣地看着，而是在我身上扫来扫去。当时我想，是我的化妆有问题，还是衣服穿得不整齐，趁游客朝车窗外面看的时候，我偷偷地打量了一下自己，也没发现有什么问题。但是，游客还是那样用眼睛在我身上扫过来扫过去。我想，肯定是我什么地方出了差错被游客发现了，出于礼貌，他们没有嘲笑我。但是，他们肯定觉得很奇怪，所以就用眼睛在我身上扫来扫去……我越想心里越乱，越想越害怕，就不知道嘴里在说些什么了。"听了小李说的这些情况，经理无可奈何地说："这是你心理暗示出的错。问题在你身上不错，就是太不自信了。游客用眼睛看着你，是对导游讲解内容的渴求，也是对你的一种尊重。看来，你还得实习一段时间，才能独立上团。"

分析点评

作为刚刚上团的新导游，小李有一种急迫的心理，就是希望自己的初次讲解能够获得游客的认可。一般来说，如果游客不愿意听导游的讲解，常常表现为眼睛直愣愣地看着导游，而心里却在想别的事，或者东张西望，或者看着窗外，或者唧唧喳喳地说个不停，或者提一些与讲解毫不相干的问题，或者干脆闭上眼睛睡觉。本案例中小李之所以自己吓自己，是因为小李对人的视觉感知活动缺乏了解。可见，小李的心理暗示是错误的，致使第一次带团没有完成任务。

任务评价

表 1-5　地陪导游服务准备评价表

第_____组　　组长_____			
内　　容	分值/分	自我评价	小组评价
熟悉研究接待计划 — 熟悉旅游团情况	5		
熟悉研究接待计划 — 分析餐饮住宿情况	5		
熟悉研究接待计划 — 分析交通情况	5		
熟悉研究接待计划 — 分析游览、参观情况	5		
制定详细活动日程	20		
落实相关事宜 — 落实车辆情况	5		
落实相关事宜 — 落实住房用餐	5		
落实相关事宜 — 落实参观游览情况	5		
落实相关事宜 — 与全陪联系情况	5		
做好物质准备	10		
做好知识准备	10		
做好形象准备	10		
做好心理准备	10		
总评（星级）			
建　　议			

服务准备基本要求：
1. 接待计划研究细致，活动日程制定翔实。
2. 接待事宜落实到位。
3. 物质、知识、形象、心理服务准备充分。

星级评定：
　　★ (59分及以下)　★★ (60~69分)　★★★ (70~79分)
　　★★★★ (80~89分)　★★★★★ (90分及以上)

任务拓展

案例分析

一个30人的老年旅游团到烟台游玩，担任地陪任务的小王是初次带团，为了给游客留下良好的印象，她特地买了一套名牌服装，带上贵重的饰品去迎接旅游团。与游客一见面，小王就谦虚地说，"我是新导游，我什么都不懂，请大家多包涵。"在游览过程中，小王感觉到讲解完导游词就没有什么话可和游客聊的，为此小王就经常一个人走在旅游团的前面。谁知，全陪和领队当着游客的面向小王提意见："走路太快，讲话太快，不强调集合时间、地点，不友好等"。小王很伤心，认为导游工作得不到尊重和理解，自己不适合导游职业。

请分析：小王的问题到底在哪里？

实战操练

收集当地旅行社不同类型的接待计划，在5分钟内脱稿讲述接待计划的要点。

知识链接一

导游员的角色定位

导游员是旅游单位的重要力量，是一个旅游团中的指导者，其导游工作的质量直接影响着游客的旅游质量。因此，讲解员应当在旅游活动中做好以下六种角色定位：

1. 旅游目的地的"形象代言人"

旅游服务质量的好坏，不仅影响旅游单位的声誉，也影响一个地区甚至一个国家旅游业的形象。讲解员工作对旅游业的发展非常重要，所以世界各国旅游界对导游都以极为美好的词句去加以形容。日本人称导游为"无名大使"，英国伦敦称导游为"伦敦大使"，美国人称翻译导游是"祖国的一面镜子"。从某种意义上来说，导游是一个国家形象的体现，也是了解一个国家的窗口。

作为旅游目的地的"形象代言人"，导游应当做好以下工作：第一，加强自身形象塑造。导游应加强自身素质的修养，通过细致周到的服务和精彩的讲解把旅游目的地的良好形象展示给游客；第二，参与旅游目的地形象建设。导游参与旅游目的地形象建设最重要的形式就是解说。通过导游讲解，"静景"就变成"活景"，也因此调动游客的想象力，对旅游目的地的认识更加深刻全面；第三，承担旅游目的地形象推广与传播的义务。导游形象也是对旅游目的地形象宣传的窗户。优秀的导游不仅能给游客留下好感，而且还能通过游客这个有着巨大潜力的宣传员发挥广告效应。

2. 旅游活动的"组织策划者"

作为旅游活动的一线工作者，导游最了解游客的需求特点和感受。因此，导游应该参与旅游线路的前期策划设计，并代表旅行社组织执行旅游计划的实施，为游客安排落实食、住、行、游、购、娱等各项服务。同时，在旅游活动过程中根据情况变化适时调整旅游活动计划，并在今后的旅游活动中不断完善旅游活动计划。有人把导游称为"参观游览活动的导演"，旅游活动能否顺利完成，并使游客获得满意，"导演"起着非常关键的作用。

作为旅游活动的"组织策划者"，导游可以做好以下工作：第一，积极搜集游客需求的信息，在旅游线路的组织设计与旅游活动安排时，尽可能反映游客的需求特点；第二，在旅游活动过程中，及时掌握游客的需求变化与旅游活动计划实施过程中的问题，并寻找其原因和解决的办法，适时调整计划安排；第三，注意总结旅游活动中存在的不足，以便今后进一步改进与完善旅游活动的计划与组织。

3. 旅游接待服务中的"协调员"

为了满足游客多方面的需求，导游在旅游接待服务中需要加强横向联系，与旅游活动有关部门密切合作、协调行动。否则，无论哪一环节出现问题，都会影响到旅游服务质量和旅游活动的顺利完成。导游处于接待服务的前线，在为游客提供旅行服务、生活服务、讲解服务、参观游览服务，以及办理各种手续、接洽各种事务时，要与其他部门配合形成一个协作链。这个协作链的中心一环就是导游，导游在这一过程中起着"协调员"的作用。同时，导游肩负着维护游客合法权益的责任，他代表游客与各有关部门进行交涉，提出合理要求，对违反合同的行为进行干预，为游客争取应该享受的正当权益。

4. 游客旅游审美的"指导员"

旅游活动是集自然美、艺术美和社会美的综合性审美实践活动。山水风光或文物古迹的欣赏价值，并不是孤立存在的，它总是与一定的自然、地理、历史、艺术等条件和特点相联系。游客通常要在有限的时间内游览和观赏更多的景物，了解到各地的风土人情与文化，因此他们在"人地两生"的情况下要达到上述目的，对导游的依赖程度较大。导游有责任帮助游客在旅游活动中去发现美、欣赏美、鉴别美、感受美，完成审美过程。导游可以通过把握观赏距离、观赏时机、观赏角度、观赏节奏，同时运用多种导游方法，使游客在感悟过程中得到最大限度的审美享受。

5. 游客旅途中的"服务员"

导游作为游览过程中的"向导"，为游客引路、带路，为游客代办各种旅行证件、代购交通票据、安排旅游住宿、旅途就餐等与旅行游览有关的各种服务。导游服务质量是衡量旅行社整体服务质量的重要标志。在现代旅游活动中，导游已成为整个旅游服务工作运转的焦点和轴心，导游服务已成为旅游服务的关键环节。一次旅游活动的成功或失败在很大程度上取决于导游的服务质量。

6. 旅游知识的"传播者"

人们在外出旅游中，对知识的渴求越来越强烈，而导游是科学知识、文化知识和历史知识的传播者。导游进行导游活动时，要适时地向游客讲解旅游目的地的人文和自然情况，介绍风土人情，让游客在游玩的同时，能够真正了解和体会当地的特色与地方文化、历史。作为旅游知识的"传播者"，导游应注意几个问题：第一，寓教于游、寓教于乐，导游应该正确引导游客在游览过程中通过亲自参与、感知、思考等方式获得知识、了解文化；第二，向游客学习，不断提高自身的知识储备。

知识链接二

游客的旅游动机

游客的旅游动机包括社会动机（如探亲访友、旧地重游、从事公务活动、出席会议、参加社交活动），文化动机（如观赏风景名胜、外出求学、学术考察），身心动机（如度假休闲、参加体育活动、疗养保健、治疗疾病），经济动机（如洽谈贸易、购买土特产品）。

导游要注意根据游客的动机、需要、个性等心理特征，采用相应的对策，从而更好地与游客交往。

一、全方位了解游客

（一）从国籍、阶层、职业、年龄、性别等方面了解游客

每个国家、每个民族都有自己的传统文化和民风习俗，有不同的性格和思维方式，同是中国人，来自不同地区、不同民族的中国人的习俗、思维方式也有很大差异；来自不同社会阶层和不同职业的游客，不同性别和年龄的游客，他们的心理特征、生活情趣各不相同。

1. 从民族特点了解游客

东方人：含蓄、内向，善于控制感情，往往委婉地表达意愿；思维方式一般从抽象到具体、从大到小、从远到近。

日本人：办事严谨，注重礼节礼貌，感情不外露，重视人际关系。

韩国人：勤劳、守秩序、团结。

导游在接待东方游客时，要注意礼貌礼节、讲话委婉，注意与游客建立良好的人际关系。

西方人：开放、爱自由、易激动，感情外露，喜欢直截了当地表明意愿并希望得到肯定答复；西方人的思维方式一般由小到大、由近及远、由具体到抽象。不过，同是西方人，不同国家居民的个性心理特征还是有很大差别。例如：

英国人：矜持，幽默，具有绅士淑女风范。

美国人：开朗、大方，比较随意自由。

德国人：严谨、严肃，做事一丝不苟。

意大利人：热情，奔放，不拘小节，注重仪表，富有创造力。

根据西方人的思维特征，导游员宣传和导游讲解时不要自己先下结论，而要对他们讲真的、让他们看实的，待客人看完、听完后自己去下结论。根据各国、各民族人民的不同个性心理特征，导游员要有的放矢地向他们提供各类服务，特别是超常服务。

2. 了解不同社会阶层的游客

来自上层社会的游客，大多严谨持重，发表意见往往经过深思熟虑，一旦发表，希望得到导游员的重视；他们期待听到高品位的导游讲解，获得高雅的精神享受。一般游客则喜欢不拘形式的交谈，话题广泛，比较关心带有普遍性的社会问题及当前的热门话题；在参观游览时希望听到有故事性的讲解，轻轻松松地旅游度假。

3. 了解不同年龄阶段的游客

年老旅游者好思古怀今，对游览名胜古迹、会见亲朋好友有较大的兴趣；他们希望得到尊重，希望导游员多与他们交谈，以求暂时抚慰孤独的心灵。年轻游客好探新求奇，喜欢多动多看，对热门社会问题有浓厚的兴趣。

总之，游客各不相同，导游员应努力了解他们，并根据具体情况提供优质的导游服务。

（二）从来华动机了解游客

行为的形成必须具备物质条件（例如金钱、时间、旅游资源、旅游设施）及心理条件。而且，旅游行为是在必要的物质条件下由心理条件决定的。激发人们去行动的原因称作"动机"，动机是直接推动人们去行动的心理因素或是激励人们去行动的内在原因，在心理学上叫做"需求"。

外国游客来中国旅游的动机多种多样，几乎各不相同，不过大体上可以分为八大类：观光旅游，文化体育活动，疗养，文化交流，政治和经济活动，探亲访友、怀旧以及购物。动机的性质往往决定着人们行动的性质，了解动机对于掌握人们的行为、效果以及某种行为的持久性都有其重要的作用。因此，只有了解游客的旅游动机，导游员才有可能有的放矢地安排旅游活动。

总之，导游员应了解游客的旅游动机，努力满足他们的主要诉求，但也不忽视次要的要求并随时诱发他们的旅游兴趣（间接兴趣）。一个人最需要的东西得到满足后的愉快是最大的愉快，因此，游客的主要诉求是否得到满足是旅游活动成功的重要标准。

（三）通过言行举止了解游客

游客按照性格可分为活泼型（多血质）、急躁型（胆汁质）、稳重型（黏液质）和忧郁型（抑郁质）。

1. 活泼型游客

爱交际，喜讲话，好出点子，乐于助人为乐，喜欢多变的游览项目。对于这类游客，导游员要扬其长避其短，要乐于与之交朋友，但应避免与他们过多交往，以免引起其他团员的不满；要多征求他们的意见和建议，但注意不让其左右旅游活动，打乱正常的活动日程；可适当地请他们帮助活跃旅游生活的气氛，协助照顾年老体弱者等。活泼型游客往往能影响旅游团其他人，导游员应与之搞好关系，在适当场合表扬他们的工作并表示感谢。

2. 急躁型游客

性急，好动，争强好胜，易冲动，好遗忘，情绪不稳定，比较喜欢离群活动。对这类比较难对付的游客，导游员要避其锋芒，不与他们争论，不激怒他们；在他们冲动时不与之计较，待他们冷静后再与其好好商量，往往能取得良好的效果；对他们要多微笑，服务要热情周到，而且要多关心他们，随时注意他们的安全。

3. 稳重型游客

稳重，不轻易发表见解，一旦发表，希望得到他人的尊重。这类游客容易交往，但他们不主动与人交往，不愿意麻烦他人；游览时他们喜欢细细欣赏，购物时爱挑选比较。导游员要尊重这类游客，不要怠慢，更不能冷淡他们；要采取主动多接近他们，尽量满足他们的合理要求；与他们交谈要客气、诚恳，速度要慢，声调要低；讨论问题时要平心静气，认真对待他们的意见和建议。

4. 忧郁型游客

身体弱，易失眠，忧郁孤独，少言语但重感情。面对这类游客，导游员要格外小心，别多问，尊重他们的隐私；要多亲近他们、多关心体贴他们，但不能与他们过分地表示亲热；多主动与他们交谈些愉快的话题，但不要与之高声说笑，更不要与他们开玩笑。

上述四种性格的游客中以活泼型和稳重型居多，急躁型和忧郁型只是少数。不过，典型性格只能反映在少数游客身上，大部分人的性格则表现得不明显，往往兼有其他类型性格的特征。而且，在特定的环境中，人的性格往往会发生变化，因此导游员在向游客提供服务时要因人而异，要随时观察游客的情绪变化，及时调整，

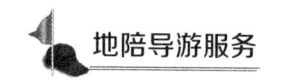

力争使导游服务更具有针对性，达到游客满意的效果。

二、尊重游客

(一) 满足游客受尊重需求

尊重游客，就是要尊重游客的人格和愿望，在合理而可能的情况下尽量满足游客的要求，满足他们的自尊心。导游人员应当明白，尊重人是人际关系中的一项基本准则，对游客的尊重是通过导游人员的一言一行、一举一动以及各个服务环节表现出来的，导游人员只有充满爱心、善解人意，才能提供打动人心的心理服务，才能给游客以友好亲切之感。只有当游客置身于热情友好的气氛中，自我尊重的需求得到满足时，才能使为他提供的各种服务发挥作用。一般情况下，游客也会对导游人员表示尊重，愿意配合导游人员共同搞好旅游活动。所以，有了尊重才会有共同的语言，才会有感情上的相通，才会有正常的人际关系。

(二) 使用柔性语言

导游人员的语言是一门学问，也是一门艺术，对带团效果有直接和很重要的影响。导游人员在与游客交往中必须注意自己的言语表达。同样的话有不同的表达方法，一句话说好了会使游客感到高兴，给他们带来欢乐，但有时一不当心，甚至是无意中的一句话，也有可能给游客带来不快，挫伤他们的自尊心。导游人员在服务的各个环节都应该注意语言表达的方式，多使用柔和甜美的"柔性语言"，语气亲切，语调柔和，措辞委婉，说理自然。这样的语言使人感觉愉悦亲切，有较强的征服力。在同样的情况下，导游人员说话的语气不同，给游客带来的感觉不同，最后得到的结果也不同。

比如一个旅游团刚下飞机，天下起了蒙蒙细雨，而接待他们的旅游车不巧又迟到了几分钟，游客们急于避雨。车刚停下，他们就纷纷往车上挤，这时导游就开口说："急什么？又不是公交车，真是的！"这样的语言刚性、刺耳，使游客感觉冷冰冰的，而如果是一名优秀的导游人员，他就会在等候旅游车时就将队伍整理好，然后将老弱病残安排在队伍的前面，车辆一到便说："先照顾他们上车，女士优先，不要着急，注意安全！"游客们听了这番柔和、顺耳的话，不但不会有意见，而且会觉得导游有水平、会办事、会说话，由这样的导游人员带团旅行一定会很顺利的。所以在相同情况下，柔性语言使人感到愉悦亲切，有较强的亲和力，往往能达到以柔克刚的交际效果。

(三) 保持微笑服务

微笑是一种无声的语言，具有强化有声语、沟通情感的功能。微笑使人产生一种亲切感，能缩短人与人之间的距离，更能体现出对人的一种尊重。

导游人员要有强烈的"角色意识"，一走上岗位就意识到自己已经"进入角色"。

脸上的表情如何，已经不再是个人的私事了。一位著名导演要求演员在走进化妆室的时候，要像脱掉大衣一样地把个人的喜怒哀乐抛在一边。导游人员走上工作岗位的时候，也应当是这样，把自己最美好的形象呈现在游客面前。这不仅是为了游客，也是为了导游自己。因为游客对美好的形象必然报以赞赏的目光。所以，导游人员要努力为游客提供微笑服务，养成逢人就亲切微笑的好习惯。这既是自信的象征、友谊的表示，也是一种重要的交际手段，会使导游人员受到游客的欢迎和喜爱。

（四）注重细节服务

导游人员在旅游服务中，一件小事、一句温馨的话、一个细微的礼貌动作，都会给游客留下深刻印象，收到意想不到的效果。因为这些细微的服务使游客感到导游人员心中有他们，随时在关心着他们，游客会感觉受到了优待而产生满足感。自尊心得到满足的游客就会愿意与导游人员积极合作，共同保证旅游活动的顺利进行。所以，"细微之处见真情，莫因事小而不为"，应是导游人员时刻牢记的箴言。

旅途中会有一些意外或意想不到的事情发生，如游客的眼镜突然坏了、纽扣掉了等，这些都是小事，但却会给游客带来许多不便。导游人员要重视这些小事，在关键时刻帮助他们解决，往往会产生意外效果。小事成就大事，细节成就完美。

三、引导游客

"导游"一词的词义就是引导游客旅行游览。其中"引导"，既有旅途、游览项目和讲解方面的引导，又有针对不同游客不同情况下的心理引导。在游客旅游活动的整个过程中，由于生活环境和生活节奏的变化，在旅游的不同阶段，游客的心理状态和特征是不同的。

（一）旅游初期阶段

在旅游初始阶段，游客由于刚到一个陌生的环境，虽然兴奋激动，但人生地疏、语言不通、环境不熟，会产生茫然无助的不安全感，存在拘谨心理和戒备的心态，求安全的心理表现得特别突出。这是游客在这一阶段共同的心理状态。他们此时最急需的是如何消除这种不安全感，消除其陌生的心理状态，与新的环境相适应。因此，消除游客的这些感觉、增强其安全感成为这一阶段的主要任务。这就要求导游人员给游客以亲切感，以真挚热情、亲切友好的接待以及周到细致的关心和服务，使游客产生一见如故、宾至如归的感觉；处处维护游客的利益和安全，给游客留下良好的第一印象。

在此阶段，游客的另一个突出心理特征就是"探新求奇"。一般来说，闻所未闻或者见所未见的新奇事物总是对人们具有相当大的吸引力。旅游过程中，游客的注意力非常集中，兴趣非常广泛，他们对看到的、听到的、感觉到的一切都感到新奇，即使是当地人司空见惯的平常事，对他们来说也都可能是新鲜事。为了满足游客的求新、求异、求知、猎奇的心理需求，导游人员应组织些轻松愉快的参观游览活动并做生动精彩的讲解，耐心回答他们提出的各种问题。同时，导游人员要抓住这一时期游客对其依赖性较强的心理，维持好活动秩序，规定好游览纪律和日程安排，为下一阶段的活动打好基础。

（二）旅游中期阶段

进入到旅游中期阶段，随着时间的推移和接触的增多，游客的心态越来越轻松，行为越来越随便，每个人的弱点逐步暴露出来。这个阶段游客的心理特征主要表现为懒散心理和求全心理。平时散漫的人，时间观念、群体观念就淡薄了；平时爱忘事的人，更容易丢三落四；听讲时注意力已不像开始时那样集中；对导游服务往往提出一些不合实际的要求等。因而，这一阶段出现的问题最多。这时导游人员应及时运用心理学的规律，为游客提供有针对性的心理服务，把他们的心理和行为引上正轨，掌握工作的主动权。

在旅游团的这个阶段，导游人员的任务最重，也最容易出差错。因此，导游人员要保持精神高度集中，讲解要精彩，游览活动要有计划性，要多强调注意事项，切实搞好生活服务，特别是对老弱病残者给予特殊照顾。

（三）旅游后期阶段

在游览终结阶段，游客即将离开旅游地，心情波动较大，又会出现与初期阶段类似的迫切感受和不安感受，开始思念亲人和家乡；购买称心如意的物品时又担心行李超重；急切处理一些善后事宜如各种手续；渴望他人的关心和帮助；希望有更多的时间处理个人事务。

在这一阶段，导游人员应根据游客的心态提供更加热情细微的服务，要合理安排好最后阶段的日程，活动项目宜精不宜多，为游客留下充分的时间去处理自己的事务。做好送行工作，使旅游活动圆满结束，给游客留下深刻的印象和美好的回忆。当然，如果在旅游过程中导游服务有不尽如人意之处，在最后阶段，导游人员有必要做好弥补工作，尽力挽回消极影响，消除游客的不满心理。

四、调节游客的审美行为

（一）传递正确的审美信息

正确的审美信息来自于导游人员正确的讲解。只有被人们感知和认识的事物才能引起美感，否则就算置身于旅游胜地，游客也不一定能获得美的享受。例如，中国的名胜古迹奥妙无穷，若无人指点，一般游客是很难从中领略内在美的。至于各地风俗民情，若无导游人员的帮助，外国游客就更不可能欣赏、享受它的美了。

导游人员作为旅游审美信息的传递者，帮助游客对美的事物进行感知、理解、领悟是其应尽的职责。为此，导游人员首先必须掌握一定的美学知识，具有一定的美学修养。其次，还要对中华民族古老的历史文化和文物古迹有深刻的了解，对祖国和家乡的自然风光、风土人情及各种美好事物有深刻的认识。再次，导游人员不仅要懂得所在地的审美观和对景物的审美标准，还要了解服务对象所在地的审美观和审美标准，在此基础上，导游人员要通过导游讲解向游客正确传递审美信息，用生动形象的语言介绍旅游目的地的风光美景和名胜古迹，正确引导游客从不同角度去欣赏其自然风光美和人文景观美，使游客获得新的美感享受。

（二）激发游客的想象思维

审美赏景是客观风光环境和主观情感结合的过程。人们在审美赏景时离不开丰富而自由的想象，想象思维可以说是审美感受的枢纽。人的审美活动是通过以审美对象为依据，经过积极的思维活动，调动已拥有的知识和经验，进行美的再创造的过程。在欣赏风景时人们往往会展开想象的翅膀，任思绪自由飞翔，赋予景色以丰富的内涵和美感。

作为一名优秀的导游人员，应充分认识想象思维在审美活动中的重要作用，了解游客的审美情趣和思想情绪，深刻了解祖国、家乡的名胜古迹和美好景物，懂得中外不同的审美观；善于将景物的形体美和内在美的特征与游客的审美意识和美感经验结合起来，努力使自己的导游讲解"寓情于景、借景抒情、情景交融"，激发游客的想象思维，促使他们与审美对象产生感情上的交流，达到"物我交融"、"物我同一"的境地，使游客获得极大的美的享受。

（三）帮助游客保持最佳审美状态

审美意识是一种个人意识，不仅依赖于人的审美知识和能力，也取决于人的感情。游客的情绪会直接影响到他的审美心境，轻松愉快的心情有助于游客去寻找美、欣赏美。导游人员要向游客提供热情周到的服务，采用各种有效方法和手段，激发游客的游兴，注意调节他们的情绪，使他们的审美情绪保持在最佳状态，在旅游过程中能够始终以饱满高涨的情绪去欣赏美、享受美。

（四）灵活运用观景赏美方法

游客的审美活动首先是从感知开始的。也就是说，游客亲自看到的、听到的、体验到的对象是其审美活动的基础。观赏同一景物，有的游客获得了美感，有的人却没有。究其原因，除了文化修养、审美情趣和思想情绪因素外，还存在观景赏美的方式方法问题。导游人员必须正确引导游客去观赏景物，既要根据游客的审美情趣和时空条件做生动精彩的导游讲解，还要帮助游客用正确的方式方法去欣赏美景。常见的方法主要有以下几种：

1. 设计最佳赏景线路

任何美景都会有一个总体特征或艺术主题。在线路的安排上把握这一点，可以收到提纲挈领、举一反三的作用。例如，游览园林时，游客的赏景线路与造园者的布局恰好一致时,才能更充分地提升欣赏的乐趣。造园者在园林"间隔"、"藏路"方面的匠心,使得园林的欣赏始终处于动态的变换之中,时而曲径通幽,时而别有洞天,时而山重水复,时而柳暗花明,凡此种种,皆需要依循合理的游览路线。同一个景点不一定只有一条最佳线路,有时另辟新径可能会收到意想不到的效果。

2. 运用动态观赏和静态观赏手段

常言说:"动观流水,静观山高。"同样的一幅自然景物,动态观赏和静态观赏的效果是不同的。在何时、何地需要游客静观,而在哪些条件下需要动观,作为导游人员应胸中有数、灵活应用,使游客得到最佳的观赏效果。静态观赏是指游客在一定的空间停留片刻或缓慢地移动视线,做选择性的景物观赏,通过联想、想象来欣赏、体验美景。站在山顶观日出、看云海,站在大海之畔听涛声等都属于这种观赏形式。这种观赏方法时间较长、感受较深,人们可获得特殊的美的享受。使用这种方法的关键在于选择最佳的观赏位置、恰当的观赏距离和角度。此外,还要注意周围环境,尽量避开嘈杂的人群。

动态观赏是指让游客步行、乘船或乘车于景物中,使观赏对象呈现一种动态的美感,一步一景,步移景异。例如,乘船在海、江、河、湖上游览,乘缆车观赏山间美景,漫步于园林、古刹之中都属此列。这种形式富于动感,体验丰富,使人获得空间进程的流动美。

在游览活动中,何时"动观",何时"静观",应视具体的景观及时空条件而定。导游人员要灵活运用"动""静"结合,努力使游客在动之以情、情景交融中得到最大限度的美的享受。

3. 保持适当的观赏距离和角度

距离和角度是两个不可或缺的观景赏美因素。自然美景千姿百态、变幻无穷,对一些奇峰巧石,只有从一定的距离和特定的角度去看,才能领略其风姿。如从黄山半山寺望天都峰山腰上有堆石头状似公鸡,它头朝天门、振翅欲啼,人称"金鸡叫天门"。但到了龙蟠坡观看一堆石头,看到的则似五位老翁在拄杖登险峰,构成了"五老上天都"的美景。这就是由观赏角度不同而造就的不同景观。导游人员带团游览时要适时地指导游客从最佳距离、最佳角度,并以最佳方法去观赏风景,使其获得美感。

4. 把握准确的观赏时机

观赏美景要把握好时机,即掌握好季节、时间和气象的变化。清明踏青、重阳登高、春看兰花、秋赏红叶、冬观腊梅等都是自然万物的时令变化规律造成的观景赏美活动。在泰山之巅晨曦中看旭日东升、黄昏时观晚霞夕照,美不胜收。在蓬莱有时还能观赏到海市蜃楼,在峨眉山顶有时能看到佛光,这些都是因时间的流逝、光照的转换造成的美景。变化莫测的气候景观是欣赏自然景观的一个重要内容。

5. 注意观赏的节奏

如果游览活动安排太紧，观赏速度太快，不仅使游客筋疲力尽达不到观赏目的，还会损害他们的身心健康，甚至会影响旅游活动的顺利进行，因此导游人员要注意调节观赏节奏。要做到有张有弛、劳逸结合、有急有缓、快慢相宜，将"导"和"游"紧密结合。

总之，导游员要努力当好一名美的使者，要从审美主体的实际情况出发，力争观赏节奏适合游客的身体状况、心理动态和审美情趣，安排好旅游活动行程，让游客感到顺乎自然、轻松自如。只有这样，游客才能获得旅游的乐趣，这才是成功的导游活动。

知识链接三

纯玩团

旅行社理应为游客安排好吃、住、行、游、娱、购六方面的旅游内容。然而，在竞争激烈的旅游市场中，削价竞争、低价抢客层出不穷，将六要素"拆零"了卖，把必游的景点作为自费项目另行收费，吃饭要么找最差的饭店，要么不管，让游客"自理"；旅游购物上花样最多，现在的一些低价旅游团，每天都安排一两个购物点，观光游览时间大大减少。在这样的市场背景下，上海出现了中国首个海南游纯玩团。所谓纯玩团就是在旅游途中，全程无购物安排，只观光旅游，无常规线路进店购物的烦恼，充分保障了游览时间的旅游团队。专家认为，纯玩团的出现是对旅游市场"削价竞争"的一个反叛，是引导旅游规范的一个先行者。同时，专家也认为，购物作为旅游六要素之一，应在旅游中倡导无强制购物和明白购物。

任务二 接站服务

任务目标

1. 能根据接团计划书制作接站牌。
2. 能通过查阅资料，掌握导游员接站的时间安排。
3. 能通过查阅资料，了解机场的入站出站口。
4. 能通过查阅资料，了解烟台旅游饭店概况。
5. 能按带团要求集合游客登车。
6. 能按服务准备的操作规程来做好接站服务。
7. 能按照欢迎辞的要求来进行讲解。
8. 能按活动要求填写评价表。
9. 能主动获取有效信息，展示活动成果，对学习与工作进行总结反思，能与他人合作，与客人进行有效沟通。

课时安排

8 课时

任务描述

西安康辉旅行社派出 151002A 旅游团于 10 月 2 日乘坐 CA1778 次航班到达烟台蓬莱潮水机场，你作为地陪前去迎接旅游团。

任务分析

在西安旅游团到达之前，要做好接站服务准备，核实本次航班（CA1778）抵达的准确时间，提前半小时到达潮水机场迎候游客，核对团队信息，清点交接行李，集合登车，并进行转移途中的导游服务。

任务实施

根据班级人数，将学生分为4~6人一组。以小组为单位认真阅读任务描述，获取信息，进行分析，完成接团工作任务。

一、旅游团抵达前的服务

1. 电话核实团队抵达时间

CA1778次航班预定抵达的前两个小时，即_____前，向机场问讯处确认航班准确的抵达时间（一般情况下，飞机在预定抵达前两小时，火车、轮船在预定到达时间前一个小时向问讯处确认）。

2. 与旅游车司机联系

与司机联系，告诉司机该团的活动日程和时间安排，商定出发的时间，确保16:10（提前30分钟）前抵达机场。在抵达机场途中，应事先调试话筒音量，以免发生噪声。

3. 提前半小时抵达接站地点

在____前一定要到达机场。到达机场后与司机商定停车位置，并记住车辆的标志。

4. 再次确认旅游团抵达的准确时间

抵达接站地点后，迅速查阅航班（或火车）抵达的显示信息，核实航班抵达的准确时间。若出现航班（车次、船次）晚点，则视晚点的程度决定后面的安排。如晚点时间不长，则应在机场（车站、码头）等候，同时做好一系列的变更工作（如通知饭店推迟用餐等）；如晚点时间过长，则可与本旅行社的有关部门联系，做好相应的安排，但应随时打电话询问航班（车次、船次）的抵达时间，以防漏接事故发生，或者重新安排接待事宜；若航班（车次、船次）取消，则应与问讯处及上一站地陪或全陪等有关人员联系，询问详细情况，并向本旅行社的有关部门汇报，落实处理意见，重新安排接待事宜。

5. 迎候旅游团

确定飞机到港后，手举旅行社旗帜或接站牌站在出站口醒目位置迎接旅游团。如是火车团，特殊情况需到站台上接站，要事先购买站台票，在相应站台等候接站。

接站牌的制作在设计上要注意的事项：要明确无误地体现接团单位与被接对象的信息；要反映所接团队的名称、编号、姓名、接待社的名称，要求在视觉上清晰醒目。

> 接XXXX旅行社旅游团
> 代号：XXXX
> 全陪：XXXX
>
> ××××旅行社

二、旅游团抵达后的服务

1. 认找旅游团

当有旅客出站时，尽量站在出口醒目的地方，让出站的游客能够尽快地发现你；注意团队特征，从游客人数、徽记标志、旅游帽、旅行包等方面主动认找团队。

2. 核实相关事项

找到旅游团后，为防止错接，地陪应及时与全陪（领队）接洽，核实团队的客源地、组团社、全陪姓名、团队人数等，无任何出入才能确定是自己应接的旅游团。如果核实到团队人数与计划不符，应及时报告旅行社，并与酒店等相关部门取得联系，确保游客吃、住等方面事项的落实。

3. 集中清点、交接行李

地陪要引导游客离开混乱嘈杂的环境，集中所有行李，提醒游客进行清点和检查。如果发现托运行李丢失、损坏等现象，应立即向航空公司申报。如有行李车运送，全陪、地陪和行李员要一起进行行李的交接、清点。

4. 集合登车

地陪应提醒游客带好随身物品，协助游客提拿行李或扶老携幼，带领团队经最便捷的道路前往停车场登车。游客上车时，地陪应恭候在车旁，协助或搀扶游客上车就座。

5. 清点人数

待游客坐稳后，地陪检查一下游客放在行李架上的物品是否放稳，礼貌地清点人数，游客到齐坐稳后请司机开车。在司机发动车辆之前，地陪再次提醒："车就要开动了，请您坐稳"，并讲清注意事项。

注意：

地陪一定要注意礼貌地清点人数，从而体现导游的职业素养。切忌在清点人数的时候用手指着游客脑门。地陪清点人数的方法有多种，如从车尾倒数人数法、默数游客人数、根据车内空位判断游客是否到齐等。

三、赴饭店途中的服务

车辆启动，立即站到前排，打开坐椅的靠背，站正靠稳，面向游客，一手抓牢扶手，一手拿话筒，面带微笑，正式开始途中的导游讲解。

1. 致欢迎辞

这是地陪第一次面对全体游客讲话，欢迎辞讲得好不好，关系到能否给游客留下良好的第一印象。欢迎辞内容应视旅游团的性质和游客的文化水平、职业、年龄及居住地区等情况而有所不同，注意用词恰当，给游客以亲切、热情、信任的感觉。欢迎辞的时间不宜过长，应风趣、自然，切忌死板、沉闷。通过欢迎辞，应使游客与导游很快熟悉起来，为以后的合作奠定基础。

欢迎辞的内容一般包括：向游客问好，代表接待旅行社欢迎游客光临本地，介绍自己和司机的姓名及所属单位，表明竭诚为大家服务的态度，祝愿游客在本地旅游顺利、愉快。例如：

各位来自西安的游客朋友们：

下午好！

有朋自远方来，不亦乐乎！在此，我代表烟台中国旅行社、本人和我们的司机欢迎你们来到有着"人间仙境"之称的历史文化名城——烟台观光游览。我是烟台中国旅行社的导游，我姓董，叫董燕。今天为我们掌控方向的司机姓马，有着多年的驾驶经验，大家尽可放心地坐他的车。在今后的四天里，我和马师傅将和大家一路同行，去感受烟台的山山水水，领略富有浓郁地域特色的渔家风情。俗话说：有缘千里来相会。能和大家同行，都是一个缘字，我会珍惜和大家相处的每一天，并以最大的努力为西安的朋友提供服务，在此我预祝大家此次旅程能游得开心、玩得尽兴！从潮水机场到烟台山宾馆大约需要80分钟，现在我们的旅游车已经驶出机场，行驶在高速公路上，大家可以一边欣赏沿途风光，一边听我介绍一下本次旅游的行程安排……

不同的导游在导游风格上都有各自的特点，因此在设计欢迎辞时要突出自己的风格，避免千篇一律。

给大家展示几篇不同风格的欢迎辞：

简略型欢迎辞

各位专家早上好，我是本市导游小张，我和陈师傅为各位专家服务，心里特别高兴，但也忐忑不安，害怕出错误。所以我特别请求各位专家随时随地指导我，你们的批评就是对我的爱护，我和师傅一定尽心尽力为大家服务。

我们今天的行程是：……希望各位专家这趟学术研讨圆满成功，参观游览开心愉快。我的手机号是……，有事你们就吩咐，谢谢各位专家。

风趣型欢迎辞

各位游客朋友们，大家早上好，我叫李峰，是我们本次旅游的导游。峰是山峰的峰，不是马蜂的蜂啦。激动的心，颤抖的手，拿起话筒我就发抖！各位掌声热烈一点吧，否则就是笑话我长得丑啦！

我听有人说怎么是个男导游，我们喜欢女导游！我告诉大家啊，找一个女导游，不如找一个男导游，男导游身强力壮，不但能给您讲解，而且还是半个保镖，碰到紧急情况，咱背起来就走人了。并且啊，找一个男导游，不如找一个多才多艺的男导游；找一个多才多艺的男导游，不如找一个能歌善舞、能说会道、玉树临风的男导游；更不如找一个多才多艺、能歌善舞、能说会道、玉树临风、潇洒漂亮的男导游！看，大家面前站着的这个人，就是您要找的那个男导游！

即兴型欢迎辞

一个四川的旅行团从锦州前往烟台南山景区，刚上车就大雨滂沱，地接导游小吴在车上结合天气情况即兴创作了欢迎词。

大家好，我是烟台地接导游小吴，首先我代表山东9900万人民欢迎您，请朋友们先听我唱几句家乡小调：……

唐代以前人们就把南山称为"福寿之乡、养心天堂"。待我们抵达南山时，一定会雨过天晴、祥云缠绕，那时的南山会如同人间仙境。长寿之人游南山，祝福各位健康长寿、万寿无疆。

提问型欢迎辞

欢迎各位西安的贵宾来泰山游览，我是你们的地陪导游小李。我和司机刘师傅一定尽心为大家服务。因为现在时间还早，房间还没有整理出来，所以不能马上入住，请大家谅解。我们现在去下榻的宾馆，在大堂寄存行李后用自助早餐，用完早餐就去登泰山。

现在我向大家提个几个问题：中国五岳中，东岳泰山为尊，是因为泰山最高吗？哪部史册最早有泰山的记录？历史上有哪些著名的人物来过泰山？汉朝哪位皇帝八次登临泰山？这位皇帝贵宾是从哪里来？（游客都笑了，他们是汉武帝刘彻的老乡。）好，会当凌绝顶，一览众山小，我们登临泰山之后，谜底就会揭开。

拉近距离型欢迎辞

大家好，热烈欢迎各位乘坐汽车、火车、飞机，千里迢迢来到我们这个县城小、名声大的历史文化名城蓬莱。妈妈说，常回家看看；朋友说，常出去转转。在家听父母的，在外听朋友的。在大城市里天天听噪音、吸尾气、忙工作，疲于奔波，身心俱累。人生最重要的是什么？对，是健康，是快乐。所以说您出来旅游就是英明的选择，恭喜您！

出来旅游，参加旅游团方便快捷、经济实惠。找一个好的旅行社，不如找一个好的导游，一个好导游能带给你带来开心快乐的旅程。您知道中国现在有多少导游吗？有80多万，我就是那80万分之一，与诸位相遇了。古人说，百年修得同船渡，我将和你们同行、同餐、同玩，对于我就是80万倍的幸运，谢谢大家！

致完欢迎辞后，地陪应对相关事项进行说明，内容包括：

（1）当前乘车前往的地点，需要的大致时间。

（2）简要介绍团队在本地的行程及游览中的注意事项，尤其对一些禁忌要反复强调，让每一位游客听清并记住。

（3）如果旅行社为游客准备了礼物、社徽或其他团队用品，地陪应当马上发放给每位游客，并告知这些物品的使用方法。

2. 首次沿途导游

首次沿途导游，是指游客在机场（车站、码头）前往下榻地或者首个参观游览点的途中，地陪结合沿途情况所做的导游讲解工作。地陪必须做好首次沿途导游，以满足游客的好奇心和求知欲。首次沿途导游也是显示导游知识、导游技能和工作能力的大好机会，精彩成功的首次沿途导游会使游客产生信任感和满足感，迅速对导游产生极佳的第一印象。

首次沿途导游依路途远近和时间长短而定，主要介绍当地城市概况、风光风情和下榻饭店的情况。例如：

烟台市内沿途风光讲解

烟台地处山东半岛东部，濒临黄海渤海，与大连、韩国、日本隔海相望。还是中国古代早期文明的发祥地之一，具有悠久的历史和灿烂的文化，早在1万年以前这里就有人类繁衍生息。烟台古称芝罘，公元前221年秦始皇统一中国后曾三次东巡，两次登临我国最大的陆连岛——芝罘岛。龙口方士徐福就是在这里奉秦始皇之命，率三千童男童女东渡日本，成为中日交流第一人。到了唐代，烟台已是中国重要的海运枢纽和通商口岸。日本第一批遣唐使就是从这里登陆上岸。说起烟台名字的由来，还要从我们的母亲山说起。明洪武三十一年，明太祖朱元璋为防倭寇侵扰，在芝罘湾北山山巅建起了一座施放烽烟示警御敌的烽火台，人们称其为"烟台"，这座临海的小山就被称为烟台山，山前发展起来的城区就被称为烟台市，烟台得名至今已有600多年的历史了。

"烟台"的名字还有另一种解释，"烟"是"烟波浩渺"的"烟"，"台"是"人间瑶台"的"台"。这里山耸城中，城绕山转，山城相依，城海相连，一面山色，半城碧波，烟波浩渺，风光优美，恍若仙境。更有海市蜃楼的奇观、八仙过海的神话、徐福东渡的故事、秦皇射鲛的传说，为这里增添了许多神秘的色彩，仙境的美誉名不虚传，真可称为人间瑶台。近代烟台是山东首开商埠，烟台山及附近海滨留下了深厚的中西方文化积淀，英、法、美、德、日等17个国家100多年前建立的领事馆遗址，风格迥异，至今保存完好。

烟台属于暖温带大陆性季风气候，与同纬度内陆地区相比，具有雨水适中、空气湿润、气候温和的特点，可谓冬无严寒、夏无酷暑。全市年平均降水量为651.9毫米，年平均气温11.8℃。烟台四季分明，各季天气气候各具特色。一年四季林木葱茏，明媚如画。春天，满山苍翠，花香袭人；夏日，郁郁葱葱，一片生机；秋季，果林红叶，五彩纷呈；隆冬时节，银装素裹，玲珑别透。来吧朋友，让我们一同陶醉于烟台的山水之间吧！

烟台山清水秀，气候宜人，有丰富的自然景观和人文景观。尤其是夏季，海风抚面，清爽可人；山花烂漫，沁人心脾；海光山色，交相辉映。既是避暑纳凉之胜地，也是各地游客旅游观光的理想境地。全市分散的旅游资源按点、区、带科学组合为"三区十景一条带，四城五园六条线"。三区是：烟台金沙滩省级旅游度假区、养马岛省级旅游度假区、蓬莱风景旅游区；十景是：蓬莱阁、长山岛、云峰山、昆嵛山、罗山、屺山母岛、徐福故里、丛麻院、牟氏庄园、凤城万米海滩十个旅游观光景点；一条带是：西起莱州三山岛东至牟平养马岛沿海观光旅游带；四城是：中华民俗博览城、黄海游乐城、塔山乐城、芝罘岛海滨美食城；五园是：世界水景公园、南山公园、烟台山公园、炮台山公园、毓璜顶公园；六条线是：秦始皇东巡旅游线、徐福东渡旅游线、胶东民俗旅游线、人间仙境旅游线、文物古迹旅游线、海上六岛旅游线。烟台已成为名副其实的"中国优秀旅游城市"。

各位游客，现在我们行驶在滨海路上。请看右边的这几栋大厦，这就是世贸海湾壹号，它由4栋超高层建筑组成，最高的323米超高层综合大楼，设计灵感来源于烟台曾经的地标——烟台山灯塔。大楼共62层，包括甲级写字楼、五星级酒店、酒店式公寓。另外三栋海景公寓在54~59层，设海景平台，还拥有独立的空中花园和空中游泳池。在山东，将来也许有高度超过世贸海湾壹号的建筑，但目前它是公认的山东第一高楼。左边是滨海广场。滨海广场由清华大学建筑设计院整体设计，2002年开工，2004年8月竣工，西起解放路，东至虹口宾馆，南起大马路，北至海岸，占地面积17万平方米。在这里，您可以体验"山与水相融，人与景同画"的视觉感受，欣赏滨海广场这张城市名片给您的别样烟台印象。

滨海广场在规划设计上以"历史的烟台、未来的烟台、开放的烟台"为主题，在保护近代建筑及周边环境、延续历史文脉的基础上，将广场群、海滨景观带、历史文化街区、高层商务区有机地揉合在一起，设计体现了适用性、参与性、观赏性、记忆性和商业性。整个广场既具有鲜明历史文化特色，又与时代文明融为一体，成为以文化历史游览、旅游观光、市民休闲娱乐以及举办大型活动为主要功能的城市地标性广场。

各位游客，为了让大家在此次旅游活动中愉悦舒心，我们旅行社特地为大家安排了我们这儿最有特色的、服务最好的一家饭店供各位下榻休息。我们将要下榻的饭店叫烟台山宾馆，各位一定听说过了吧。该饭店是四星级酒店，有着科学的管理、先进的设施和优质的服务，是游客来这里旅游时的首选饭店。烟台山宾馆地处本市商业中心，交通十分便利。酒店内的设施配备齐全，设有多功能歌舞厅、KTV包厢、酒吧、保龄球、网球馆及桑拿、棋牌室等，晚上大家可尽情享用，相信各位对我们旅行社安排的酒店会非常满意的。

大家进入酒店房间后，请认真检查一下房间中所提供的必需物品是不是齐全，设备是不是处于完好状态。如果有什么问题，请及时与我联络。

下车时请大家带好自己的随身行李，在大堂内稍等片刻。大件行李可请行李员送到房间。我将很快把房卡给领队，他会分给各位。安顿好以后我们将去用晚餐。现在请大家再次记住我们集合的时间和地点：十八点三十分，饭店大门口集合。好了，饭店到了，请大家带好行李物品随我下车。

任务评价

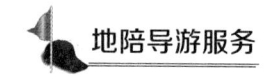

表 2-1 地陪接团服务评价表

第_____组　　组长_____			
内　　容		分值/分	自我评价	小组评价
旅游团抵达前的服务	核实时间	5		
	与司机联系	5		
	提前半小时到达	5		
	再次确认时间	5		
	迎候旅游团	5		
旅游团抵达后的服务	认找旅游团	7		
	核实相关事宜	7		
	集中清点交接行李	7		
	集合登车	7		
	清点人数	7		
赴饭店途中服务	致欢迎辞	15		
	首次沿途导游	25		
总评（星级）				
建　　议				

接团服务基本要求：
1. 旅游团抵达前的工作细致认真。
2. 旅游团抵达后的工作热情、有礼貌。
3. 致欢迎辞完整流利。
4. 首次沿途导游灵活、简洁、流畅。

星级评定：
　　★（59分及以下）　★★（60~69分）　★★★（70~79分）
　　★★★★（80~89分）　★★★★★（90分及以上）

任务拓展

案例分析

早就听说凤凰城是一座四面青山环抱、风光秀丽、充满浓郁湘西文化特色的山城。小曾借公司休假的机会,在一个阳光明媚的日子里邀好友一起赴凤凰城旅游。他们来到凤凰城后,找到一家旅行社报了名,约定上午10点由导游进行讲解。时间一到,小曹发现大概有20位左右的散客在大厅里集合,等待着导游的到来。"各位团友,请到这边集合。"清脆的声音传来后,大家意识到导游来了。上了旅行社准备的汽车后,导游用当地的湘西方言向各位游客问好,并让大家猜猜是什么意思。一会儿工夫,车厢里互不相识的人们在导游的带动下熟识了起来。导游用不太标准的普通话向大家介绍了美丽的凤凰城。一天的行程结束后,小曾和其他游客对导游的服务非常满意,临走时还和她一起拍照。这时,小曾突然意识到,不清楚导游叫什么,问到:"导游您贵姓?"这句话倒是提醒了导游,她非常不好意思地说:"上午忘记介绍自己了,没说欢迎辞,还请大家见谅。"导游留下了地址,也将凤凰城的美丽留在了旅游团游客的心中。不过可以肯定的是,当人们在回忆美丽的凤凰城时,只会想到导游的模样和声音,而她到底是谁,也许只有小曾知道。

请分析:为什么要致欢迎辞?

实战操练

1. 撰写一篇接待上海游客到烟台旅游的欢迎辞,并在班上进行讲解。

2. 通过多媒体播放学校所在城市的主要交通港至某一酒店的行程影像资料。学生分组扮演游客和地陪,扮演地陪的学生模拟首次沿途导游,扮演游客的学生可以随机提问。

任务三 入住饭店服务

任务目标

1. 能根据接待计划书分配房间。
2. 能通过查阅资料，了解烟台酒店基本设施。
3. 能通过查阅资料，了解酒店客房的基本种类。
4. 能按客人要求调整房间。
5. 能按照要求与总台沟通叫醒时间。
6. 能按服务准备的操作规程来做好旅游团入住安排。
7. 能按活动要求填写评价表。
8. 能主动获取有效信息，展示活动成果，对学习与工作进行总结反思，能与他人合作，与客人进行有效沟通。

课时安排

4课时

任务描述

西安151002A旅游团，在烟台游览期间将入住烟台山宾馆，你作为地陪，请完成本次入住饭店的服务工作。

任务分析

该旅游团到达蓬莱潮水机场已是傍晚，机场到所下榻的烟台山宾馆又需八十分钟左右，游客都感觉比较疲惫。在带领旅游团进入饭店后，应尽快办理入住手续，协助全陪分发钥匙，详细地向旅游团介绍饭店及其功能区分布，带领游客用好第一餐，并及时宣布次日的活动安排，与饭店确定叫早时间。

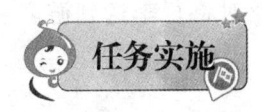

任务实施

根据班级人数，将学生分为4~6人一组。以小组为单位认真阅读任务描述，获取信息，进行分析，完成入住饭店服务任务。

一、带领旅游团队抵达饭店

地陪应提醒游客带齐所有行李物品下车，到酒店大堂等候分配房间。

如果是接早班机（车），可先游览后进店。游客的行李可放置在车上或运到饭店大堂交饭店保管。

二、协助办理入住手续

地陪要协助全陪到前厅办理入住手续，向酒店前厅通报旅游团的相关信息（如旅行社、团号、人数等），注意儿童的收费标准。地陪拿到房间钥匙后，应交给全陪领队，由领队向游客分发房间钥匙及早餐券。地陪要登记分房情况，熟悉游客的房间分配和分布情况，掌握全陪的房间号，并将自己的联系方法告知全陪，以备有事及时联系。

三、介绍饭店设施

在游客拿到房间钥匙后，地陪将游客集中，介绍酒店服务设施，如商务中心、康体中心、购物中心等；介绍酒店餐饮设施，着重介绍早餐地点及第一餐的位置；介绍酒店房间设施及使用的注意事项；提醒游客注意酒店内的自费项目，如房间中标注的收费项目、长途电话等。

各位游客朋友：我们下榻的是本饭店6号楼的第2层，大家拿到的是磁卡感应钥匙，开门时正面朝外轻靠门锁，门锁灯闪绿光就表示门已经打开了。房间内有免费宽带等设施。我们在天伦食府就餐。进入房间后请大家随手关门，保管好自己的财物，有贵重的物品可以寄存在总台。房间物品有标出价格的是需要付费的，请注意使用。

四、照顾游客进入房间

向游客指示电梯、楼梯的位置及到达房间的路线或带领游客前往房间。

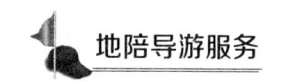

五、照顾行李进房

行李员将本团行李送达饭店后，地陪要督促饭店行李人员及时将行李送到游客的房间。

协助行李进房，关注游客取行李的情况。

六、处理游客入住后的问题

游客入住后，地陪不要急于离开，应等游客全部入住一段时间后方可离开。协助处理游客在入住后可能出现的各种问题，如打不开房门、房间不符合标准、房间卫生差、设施不全或损坏、行李投错等，有时还可能出现游客调换房间等要求。

七、带领旅游团用好第一餐

在用餐前，地陪应提前到餐厅了解准备情况。如果游客有特殊要求，地陪要特别关注餐厅是否做了准备。

根据入住饭店时与游客约定的用餐时间，地陪提前在餐厅门口等候，引领游客进入餐厅就座。用餐前，应向游客介绍就餐的有关规定，哪些消费属于费用之内，哪些属于费用之外。地陪还应将全陪介绍给餐厅经理或主管，以方便联系。在用完第一餐后，要迅速征集游客意见，通知后续备用餐点作出调整。若游客生病，导游或饭店服务员应主动将饭菜端进房间以示关怀。若是健康的游客希望在客房用餐，应视情况办理，如果餐厅能提供此项服务，可满足游客的要求，但需告知服务费自理。

只要导游按照协议规定的标准提供了餐食，游客自行放弃，则责任在游客，导游不必为此承担任何责任。当游客换餐后需要导游提供协助时，如希望导游推荐、联系新的餐厅、安排车辆接送等，导游应该力所能及地提供帮助。

（1）旅游团在用餐前3小时提出换餐的要求，要尽量与餐厅联系，按有关规定办理。

（2）接近用餐时提出换餐，一般不应接受要求，但要做好解释工作；若游客坚持换餐，导游可以满足其要求，但要告知游客原餐费不退，新产生的费用自理。

八、通报当天和次日的行程安排

用餐快结束前，要向游客宣布当日或次日的安排，包括集合时间和地点、活动项目，提醒游客做好必要的游览服务准备。

九、确定叫早时间

与全陪一起商定第二天的叫早时间。叫早时间确定后,由全陪通知全团人员,地陪负责将叫早时间通知饭店总服务台,办理叫早手续。

任务评价

表 3-1 地陪入住饭店服务评价表

第_____组   组长_____

内　　容	分值/分	自我评价	小组评价
旅游团抵达酒店	10		
协助办理入住手续	15		
介绍酒店设施情况	10		
照顾游客进房间	10		
照顾行李进房	10		
处理游客入住后的问题	10		
带领旅游团用好第一餐	15		
通报当天和次日行程安排	10		
确定叫早时间	10		
总评（星级）			
建　　议			

入住饭店服务基本要求：
1. 旅游团抵达前的工作细致认真。
2. 旅游团抵达后的工作热情、有礼貌。
3. 致欢迎辞完整流利。
4. 首次沿途导游灵活、简洁、流畅。

星级评定：
　　★（59分及以下）　★★（60~69分）　★★★（70~79分）
　　★★★★（80~89分）　★★★★★（90分及以上）

任务拓展

案例分析

导游小赵回忆起他担任地陪时曾在厦门××大酒店时发生的一件事,至今难忘。小赵说:"××大酒店既有主楼,也有别墅。别墅位置好,靠近大海,很受欢迎,入住率也高,常常是'先入为主',来晚了的只好住在主楼,其实两种楼的报价是一样的。我为游客着想,便尽量争取住别墅。结果我们的运气不坏,那天刚好有一批游客离开别墅,于是我让我的游客先到餐厅用餐,自己到前台领取房卡,在游客用餐的时候就将钥匙交到了他们的手中。可是我却忘记了问清是不是所有的房间都已经打扫完毕。结果是有几位游客兴高采烈地来到自己的房间,却发现房间还未打扫。游客遭遇挫折,非常不满,事后我想,好事情没有办实在,结果可能会更糟,需要认真总结。"

请分析:小赵应该吸取什么教训?

实战操练

1. 了解本地的旅游饭店特色,并在班上进行介绍。

2. 在入住饭店时,有位游客拿到了一个自己忌讳的房号,要求更换,而饭店已经没有同类标准的房间了。作为地陪,你会如何解决这个问题呢?

知识链接四

如何分配房间

一天,小张接了一个从河北唐山来烟威地区进行三日游的旅游团。在游览期间一切还算顺利,结果在傍晚入住饭店的时候出现了问题。小张在办理完入住手续后,讲了酒店的基本设施及注意事项,就把房卡递给全陪小王,让她分发给客人。因为普通商务酒店的客房一般提供标准间、大床房、单人间、三人间等多种房型供大家选择,所以团队入住时,前台一般会在提供标准间的同时,夹带提供少量的大床房。小王拿到房卡,没有多想,随手把房卡分给了围在她周围的客人。发到最后的时候,剩下四个客人和两个大床房。这四个客人是一起报名参加旅游团的,两个人是母女,另外两个人是一对闺蜜。按说给他们两个大床房,客人也能接受。但是刚才坐车的时候,这四个人因为没有抢到靠前的座位正闷闷不乐,看到只剩下两间大床房就不高兴了，他们认定说在旅行社报名的时候，计调告诉他们住宿的时候是双标间，现在怎么变成了大床房？他们不要大床房，只要标准间。

全陪小王一看情况不妙，赶紧与总台商量，希望酒店将大床房换成标准间。酒店前台服务员在查看了住房客情表后，爱莫能助地表示因为是旅游旺季，酒店已经没有标准间了，哪怕是一间都调整不出来了。小张和小王把这个情况跟客人讲了，客人一脸漠然地表示，当时报名的时候说是提供标准间，旅行社就必须按照合同来！否则就要给予赔偿。其他客人都提着行李进了房间，这四个客人坐在大厅的沙发上，七嘴八舌地指责导游：为什么把大床房留给我们？凭什么让我们住大床房？你这个导游是怎么干的？傻吗？

这么僵持也不是办法，小张向客人提出来先去看一下房间再说。进了客房一看，大家心里都有数了。大床房是1.8米的大床，两个人睡觉非常舒服，其舒适度远远高出标准间。可是客人拉不下面子，坚持说自己预订的是标准间，今晚必须给提供标准间，甚至其中一位女士喊道："今晚必须让我们住标准间，否则就到对面给我们安排住宿！"导游和前厅服务员都相视无语了。客人明明知道对面是一家五星级的酒店，他们的住宿标准则是价格低很多的商务酒店还提出这样的要求，明显就是找导游员的麻烦了。

时间一分一秒地过去了，导游没有办法，只好请示旅行社经理处理办法，经理打电话提出了处理办法：跟客人道歉，说明真实原因；每个房间给客人二十元补偿。客人一听只有二十元的补偿，感觉钱的数额太少了，表示不同意这个处理办法。

正在这时，一位女客人准备出去吃饭，看到这四位客人都在大厅坐着，就问为啥还没有进房间？导游就把事情经过告诉了这位女士。这位女士一听就表示，她和女儿分到了一间标准间，她愿意将标准间让出来，自己和女儿住大床房。反正大床和标间都一样，无所谓的。小张和小王一听非常高兴，就在千恩万谢中更换了一个标准间。

前台服务员看到这个情况，就表示主动跟酒店的一位长住客联系，请他让出自己住的一个标准间出来。

至此，距离办理入住时间件已经过去了3个多小时，事情才得到妥善解决。

这次办理饭店入住给全陪小王一个严重的经验教训：办理登记入住分配客房时，第一，要考虑客人是否提前提出特殊要求，如果客人在签订合同时提出，一定要不折不扣地执行合同；如果客人临时提出特殊要求，能做到的要尽量满足客人，做不到的，要委婉地提出来并表示歉意。第二，要以小组或者家庭为单位，将房间类型合理搭配，向客人讲明白以后，再分发钥匙卡。第三，将客人姓名和房间号码一一对应记录好，一旦退房时出现什么问题，可以落实到具体的客人。

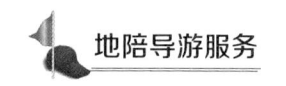

房间分配技巧及问题处理

房间的合理分配也能体现出导游的工作技能。每一个团队都有其最佳分配方法，就看导游是否会合理处理了。一般住宿为两人一个标准间，如果出现单人，可以先询问是否有人愿意住单人间的，但要提醒住单人间要补足房价差。也可以了解团队中有没有夫妻，如果有，就询问能否适当顾全大局，分开住宿；如果还出现单人，那就做动员："出门在外，希望大家共同理解相互配合"，尽量劝说团队中年轻的成员住三人间，并保证三人间与双人间住宿标准一样。

酒店房卡实际上就是酒店的名片。全陪应提醒游客外出时随身携带房卡，在语言不通、路线不熟时，可从房卡上查看酒店的联系电话和地址，以便及时返回。

游客入住房间后，全陪应注意提醒游客检查房间设施，对已损坏或配备齐全的物品，及时请服务人员更换或补充，避免离店时出现扯皮。

如果游客们晚上自由外出活动，全陪应提醒游客不要走太远，不要到不安全的区域，不要到酒店周边一些不健康的场所去消费，并规定晚上返回的时间。

1. 游客要求调换房间朝向

地陪可请饭店方协助解决。如果饭店已无房源，可在团队内部调换。如果没有，向客人表示歉意。

2. 游客要求调换房间规格

一般团队安排标准间，住两人。如果游客要求住单间或要求入住高于合同规格的房间，只要饭店有房间，游客又愿意支付多出的房费，地陪可协助办理。住单间的，一般由提出方付房费。

3. 客房存在问题

客房设施设备有严重缺陷且无法修复或房内有蟑螂、臭虫、老鼠等，游客要求调房，地陪应与饭店协商，请饭店予以满足。

任务四 参观游览服务

任务目标

1. 能根据接待组织游客登车。
2. 能通过查阅资料，掌握导游员讲解的语言技巧。
3. 能通过查阅资料，熟悉掌握常用的活跃旅途气氛的方式。
4. 能通过查阅资料，了解宗教基本常识。
5. 能向客人介绍烟台基本景点的概况。
6. 能按活动要求填写评价表。
7. 能够熟练运用常用导游讲解方法。
8. 能主动获取有效信息，展示活动成果，对学习与工作进行总结反思，能与他人合作，与客人进行有效沟通。

课时安排

26 课时

任务描述

10 月 3 日开始，西安旅游团就开始游览烟台各大景点，作为地陪，请你做好参观游览工作。

任务分析

参观游览活动是地陪服务工作的中心环节，是旅游活动的核心。在参观游览活动中，地陪应努力使旅游团的参观游览过程安全、顺利，使游客能够详细了解参观游览对象的特色、历史背景及其感兴趣的问题。

任务实施

根据班级人数，将学生分为4~6人一组。以小组为单位认真阅读任务描述，获取信息，进行分析，完成途中导游讲解、景区景点讲解、返程途中讲解的工作任务。

一、出发准备

1. 提前到达酒店

地陪应携带上团的各种物品，提前10分钟抵达集合地点，迎候游客。督促司机检查旅游车，做好出发前的各项服务准备。

2. 核实实到人数

如有游客未到，地陪应尽快向全陪和其他游客问明情况，设法找到，委婉地催促其尽快与大部队会合。如果有的游客希望不随团活动，地陪要了解其具体安排，征询全陪意见，待各方均无异议之后才能同意游客独自行动，并提醒其注意安全和记住地陪的联系方式。如果游客是因为身体健康方面的原因无法随团活动，地陪还应探望其病情，安顿好用餐等事务，必要时通知接待旅行社和饭店有关部门，派人予以适当照顾。

3. 预报天气，提醒注意事项

出发前，地陪应向游客预报当日的天气、游览景点的地形特点、行走路线的长短等情况，必要时提醒游客带好衣服、雨具并换上舒适方便的鞋。如果当天交通车程较长，地陪要提醒容易晕车的游客服用晕车药物。这些小环节会使游客感到地陪的服务很周到细致，也可以减少或避免游客生病、扭伤、摔伤等问题的发生。

4. 组织游客登车

地陪应站在车门一侧，一面招呼大家上车，一面扶助需要帮助者上车。开车前，应清点人数，与全陪确认无误后请司机开车。

二、途中导游服务

1. 重申当日活动行程及注意事项

车辆启动后，地陪要向游客问候，询问昨晚的住宿及当日早餐的情况、满意度。重申当天的旅游活动安排，包括用餐安排。告知到达参观景点所需的时间和旅游活动中应注意的事项。

2. 沿途导游讲解

在前往景点的途中，地陪要向游客介绍本地的历史沿革、经济发展、风土人情、沿途风光，并回答游客提出的问题。行车时间较长时，地陪可以穿插播放 DVD（影视剧或风光片）。

3. 途中气氛调节

如果路途较远，地陪可以在车上组织一些娱乐活动以活跃气氛。讲笑话、猜谜语、做游戏、带领游客唱歌等是比较常见的方法，也可以教游客学地方方言，还可以与游客开展一些交流活动，如介绍当日国内外重要新闻、探讨热门话题、聊天寒暄等。地陪在平时就应该做有心人，根据游客的不同类型，准备几份不同的娱乐节目套餐。

4. 简要介绍游览的景点

在到达游览景点之前，简明地介绍景点概况，如景点景观概貌、历史、艺术、文化、科学、旅游等价值和独特之处，以激起游客游览的欲望，更好地满足游客求新求知的旅游目的。例如：

从烟台市区前往蓬莱阁景区的区间沿途讲解

蓬莱，自古被誉为人间仙境。在这里，您不仅可以领略仙海风韵，追忆秦皇汉武的寻仙足迹，还可以徜徉于古典园林，了解蓬莱古城的沧桑历史，幸运的话，您还会目睹到天下奇观——海市蜃楼。所以，当地有这样一句话："身到蓬莱阁，即是活神仙"。也就是说，您今天到了我们蓬莱，已经成为仙人了。

各位游客，我们今天要游览的景点是蓬莱市蓬莱阁风景名胜区，距离烟台市区约 70 公里，车行约 60 分钟，在到达景点前，我先向各位简单介绍景区的概况。

蓬莱阁景区是国家级风景名胜区（全国共有 187 家），也是我国首批 5A 级景区（全国共有 66 家）。景区面积为 5.8 平方公里，共包括九大景点。蓬莱阁古建筑群始建于唐代，经过宋元明清几代不断地扩建和改建，整个建筑群面积为 18900 平方米。分为龙王宫、天后宫、三清殿、弥陀寺和蓬莱阁主阁等六大建筑单体，共有 100 多间，整个古建筑群坐落在临海的丹崖山上，楼台殿阁分布得宜，寺庙园林交相辉映，1982 年被国务院公布为全国重点文物保护单位。

各位游客，我们现在已经到达蓬莱阁景区，今天游览的线路是：城墙—登瀛桥—人间蓬莱坊—弥陀寺—万民感德碑—显灵门—龙王宫—子孙殿—天后宫—胡仙堂—碧海丹心刻石—蓬莱阁主阁—避风亭—主阁后面的刻石—卧碑亭—苏公祠—宾日楼—普照楼—观澜亭—吕祖殿—三清殿—白云宫门—仙阁凌空—水门—炮台—太平楼—戚继光塑像—登州古船博物馆，大约需要 2 个小时。请记住我们的车牌号是鲁 F12121。我们的午餐安排在蓬莱阁大酒店，晚餐后返回烟台市区游览滨海广场和烟台夜景。现在请大家带好贵重物品，随我一同下车，一起进入传说中的"仙境"吧！

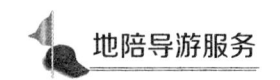

5. 抵达景点前的提醒工作

抵达景点，下车前，地陪要讲清并提醒游客记住旅游车的颜色、标志、车号和集合登车的时间、地点；尤其是下车和上车不在同一地点时，地陪更应提醒游客注意。同时，还要提醒游客带好随身物品和关窗下车。

三、景点导游服务

1. 购票入园

到达景点下车后，地陪应迅速为游客购买门票或签单，带领团队入景点参观。出现儿童超高需另购门票时，地陪应向儿童亲属说明，地陪可代购门票，但游客应补交景区门票的费用。

许多景区景点对持证导游、持老年证人员、现役军人和革命伤残军人、学生凭有效证件实行门票减免，地陪可争取利用这些优惠措施，请游客出示相应证件，获得门票减免。所节省的费用，原则上应退还给持证人。

2. 提醒游览事项

在景区示意图前，向游客介绍在该景点的游览路线和时间，交代参观游览过程中的有关注意事项，提醒游客在景区中注意人身和财产安全，并预防走失。尽量让游客参加集体活动，对要求自由活动的游客，要向其讲清集中的时间和地点，并告知周围大致环境。

3. 游览中的导游讲解

抵达景点后，地陪的主要工作是带领本团游客沿着游览线路对所见的景物进行精彩的导游讲解。讲解的内容要因人而异、繁简适度。讲解的语言不仅应让游客听得清楚，而且要生动、优美、富有表达力。

在景点导游过程中，地陪应保证在计划的时间与费用内，使游客充分地游览、观赏，做到讲解与引导游览相结合，适当集中与分散相结合，劳逸适度，并应特别关照老弱病残的游客。

旅游团在参观游览行进时，地陪走在团队的前面，起引导游客游览及讲解的作用。在景点作停留并讲解时，地陪的最佳位置为：说话时面对所有的游客，同时便于为游客指示景物，又不能遮挡游客的视线。

具体来说，景点讲解要注意：

(一) 景点讲解的基本内容

上知天文，下知地理，无所不晓，这是导游工作对导游的知识要求。导游应该是个"杂家"，要掌握的知识包罗万象。就景点讲解而言，其基本内容包括景点的历史知识、地理知识和文学知识等。

1. 景点的历史知识

导游在讲解过程中会经常涉及丰富广博的历史知识，如历史人物、历史事件、历史典故、典章制度等。因此，导游只有具备了一定的历史知识，才能把旅游景点尤其是人文景点讲活、讲深、讲透，从而最大限度地满足游客求知的需要。例如：

张裕酒文化博物馆历史

张裕葡萄酒公司是由南洋富商张弼士先生于1892年在烟台投资创办，公司于1992年建成酒文化博物馆，分为百年地下大酒窖和酒文化展厅。地下酒窖内数千只橡木桶排列有序。酒文化展厅则向客人展示了百年来的张裕历史，有传统酿酒工具；有各种张裕名牌酒品；有接待品酒室、视听室等。馆内珍藏着1912年孙中山先生为张裕公司亲笔题赠"品重醴泉"，以资鼓励。张学良、康有为等历史名人为张裕所题墨宝，1992年江泽民总书记为张裕百年庆典题词"沧浪欲有诗味，酝酿才能芬芳"。

张裕酒文化博物馆坐落于烟台市芝罘区大马路张裕公司原址，1992年，张裕公司在百年大庆前夕，投资450万元建设张裕酒文化博物馆，并于1992年9月对外开放。2000年，在张裕公司老厂址的基础上，仿照111年前建厂初期的建筑风貌，按照清华大学的设计方案，改建、扩建了张裕酒文化博物馆，于2002年9月8日——张裕公司110年大庆暨"国际葡萄·葡萄酒论坛"开幕式上，国际葡萄·葡萄酒局名誉局长罗伯特·丁洛特先生和张裕集团董事长孙利强先生共同开启了新馆大门，张裕酒文化博物馆正式对外开放。

张裕酒文化博物馆是由酒文化广场、百年地下大酒窖、综合大厅、历史厅、影视厅、现代厅、字画厅、珍品厅、休闲购物厅、会议接待厅、信息网络中心、营销中心和现代化办公区组成。张裕酒文化博物馆主体面积近4000m^2，总建筑面积约为10000m^2，博物馆景区占地面积约为30000m^2，大酒窖占地面积2666m^2。

2. 景点的地理知识

我国是一个历史悠久、地域辽阔的国家，因此，导游需要掌握丰富的地理知识。在宏观上，导游要了解自然旅游资源和人文旅游资源的种类及特点，自然保护区和风景名胜区、历史文化名城与世界遗产的基本情况；在微观上，应对旅游线路包含的景点进行详尽的研究和考察。

对于景点，特别是自然景观，导游应做到"知其然，知其所以然"，讲解时不仅要介绍其特色，还要说明其成因，增强讲解的科学性，从而使游客对景点的认识由感性认识上升至理性认识，提高旅游的审美效果。例如：

海市蜃楼成因简介

平静的海面、大江江面、湖面、雪原、沙漠或戈壁等地方，偶尔会在空中或地下出现高大楼台、城廓、树木等幻景，称为海市蜃楼。我国广东澳角、山东蓬莱、浙江普陀海面上常出现这种幻景，古人归因于蛤蜊之属的蜃，吐气而成楼台城廓，由此得名。

海市蜃楼常在海上、沙漠中产生，是光线在沿直线方向密度不同的气层中，经过折射造成的结果。海市蜃楼的种类很多：根据它出现的位置相对于原物的方位，可以分为上蜃、下蜃和侧蜃；根据它与原物的对称关系，可以分为正蜃、侧蜃、顺蜃和反蜃；根据颜色可以分为彩色蜃景和非彩色蜃景等。

空气本身并不是一个均匀的介质，在一般情况下，它的密度是随高度的增大而递减的，高度越高，密度越小。当光线穿过不同高度的空气层时，总会引起一些折射，但这种折射现象在我们日常生活中已经习惯了，所以不觉得有什么异样。海市蜃楼是一种光学幻景，是地球上物体反射的光经大气折射而形成的虚像。海市蜃楼简称蜃景，根据物理学原理，海市蜃楼是由于不同的空气层有不同的密度，而光在不同的密度的空气中又有着不同的折射率，也就是因海面上冷空气与高空中暖空气之间的密度不同，对光线折射而产生的。蜃景与地理位置、地球物理条件以及那些地方在特定时间的气象特点有密切联系。气温的反常分布是大多数蜃景形成的气象条件。

我国渤海中有个庙岛群岛，在夏季，白昼海水温度较低，空气密度会出现显著的下密上稀的差异。在夏季，白昼海水温度比较低，特别是有冷水流经过的海面，水温更低，下层空气受水温影响，比上层空气更冷，所以出现下冷上暖的反常现象（正常情况是下暖上凉，平均每升高100米，气温降低0.6℃左右）。下层空气本来就因气压较高而导致密度较大，现在再加上气温又较上层更低，密度就显得特别大，因此空气层下密上疏的差别异常显著。

长岛是中国海市蜃楼出现最频繁的地域，特别是七八月间的雨后。海市蜃楼常出现于神泉港西南海面，时间多在春夏之交、天降大雨前夕。"海市蜃楼"的出现次次有异，有古代的台榭、亭阁，有现代的高楼大厦，还曾出现过日本侵华的战争场面。蜃景出现有一年一次或数年一次，也有一年两次。长则几小时，短则十几分钟，甚至一瞬即逝。1957年3月19日蜃景出现，从下午一时至六时四十五分才消逝，是有史以来延续时间最长的一次。当地渔民总结为观察气候经验，有"景远候风，景近候雨"之说。

公元1624年7月6日（明天启四年五月二十一日），登州海面上发生了历时七个多小时的海市蜃楼，当时即将离任的登莱巡抚袁可立目睹了整个过程，心情十分激动，一首《海市诗》详实地将当时的盛况记录下来，文辞优美，可以让没有见过海市的人产生身临其境的感觉，再加上董其昌的书法，成为东海上的不朽。

无论哪一种海市蜃楼，只能在无风或风力极微弱的天气条件下出现。当大风一起，引起了上下层空气的搅动混合，上下层空气密度的差异减小了，光线没有什么异常折射和全反射,那么所有的幻景就立刻消逝了。

总而言之,海市蜃楼是一种十分有趣的折射和反射现象。

3. 景点的文学知识

景点的文学知识主要是以传说轶事、神话典故、楹联匾额、诗词歌赋、游记、碑帖等形式出现,它们从不同的角度揭示和歌颂了我国自然风光和风土人情,导游应予以生动的讲解,运用丰富的文学知识点缀所游览的景点,使游客充分享受到风景美与文化美。本次任务中,参观游览的蓬莱阁各景点有不少人文古迹,大多有着悠久的历史和大量的传说典故、诗词楹联等,对此,导游必须准备充分,不断丰富讲解内容。例如:

"碧海丹心"石刻

"碧海丹心"四个字是国民党爱国将领冯玉祥先生写的。"九·一八"事变后,冯将军以民族大义为重,公开反对蒋介石的不抵抗政策,主张抗日救国,因而受到蒋介石的压制和排斥。他悲愤交加,于1934年5月,偕其老友国民党元老李烈钧来到蓬莱。李烈钧也对蒋心怀不满,力主冯玉祥再度出山,挽救民族危亡。他们在蓬莱期间积极宣传群众,大声疾呼"抗战存,不战则亡"。还曾深入到蓬莱文会中学为师生讲演,不厌其烦地解答学生提出的问题,使当地群众深受鼓舞。在游览蓬莱阁时,李烈钧书就一联:"攻错若石,同具丹心扶社稷;江山如画,全凭赤手挽乾坤",并请冯将军题写横批,冯玉祥略一思索,信笔写下"碧海丹心"四个大字,抒发了他忠心报国的情怀。后人难忘冯将军的爱国豪情,就把"碧海丹心"单独刻石存留。

冯玉祥与李烈钧还在蓬莱阁上对仗书联,冯玉祥对上联:"备倭城头畅谈抗日"。李烈钧对下联:"避风亭内策划兴邦"。这幅对联浅显易懂,而教育意义深广。此联刻在长条形木板上,原挂在正阁下层正方明柱上,今已不存。冯玉祥还为戚继光祠堂送了一联:"先哲捍宗邦,民族光荣垂万世;后生驱劲敌,愚忱惨淡继前贤。"表达了他继前贤挽乾坤、捍卫祖国大好河山的赤胆忠心,在蓬莱留下一段令人难忘的佳话。

4. 景点的其他知识

在景点的介绍中,导游还需要掌握并随时运用民俗文化知识、民间工艺知识、宗教知识、建筑知识、饮食文化等方面知识。

(二)景点讲解的开场白与结束语

1. 开场白的技巧

俗话说:"良好的开端是成功的一半。"景点讲解的开场白在整个景点游览过程中起着至关重要的作用。成功的开场白能够吸引游客的注意力,满足他们的好奇心,对导游和景点留下深刻的印象。景点讲解的开场白没有固定的模式,以下为几种常见的开场白类型。

（1）带有介绍性质的开场白。这是一种常用的开头方式，也叫开门见山式，具有规范化和全面化的特点，通过介绍使游客较快地了解旅游景点的概况。这类开场白方式较为普遍、适用性强，但缺乏特色，往往不能在较短的时间内吸引游客。例如：

烟台山的开场白

各位朋友，大家好！欢迎大家到烟台山旅游。我们今天游览的线路为："烟台山"刻石—美国领事馆旧址—联合教堂—东海关副税务司官邸旧址—英国领事馆的附属建筑—日本领事馆的公寓楼—日本领事馆旧址—灯塔—抗日烈士纪念碑—古栾树—旗语杆—燕台石—忠烈祠—烽火台—龙王庙—丹麦领事馆旧址—造化奇观石帆—合璧石—连心桥—惹浪亭—冬青长廊—英国领事馆旧址—领事署路。预祝我们愉快地度过这美好的一上午时光！

（2）针对性较强的开场白。即针对游客来自不同的地域、民族、职业、年龄等方面进行的开场白。这类开场白注重寻找所接待的旅游团队的最大共性，如针对教师、医生、律师等不同职业，老人、儿童等不同年龄的共性撰写导游词，以在最短的时间内使游客与导游产生心理共鸣。例如：

接待台湾游客时的开场白

"台湾著名诗人余光中先生有一首小诗：'小时候，乡愁是一枚小小的邮票，我在这头，母亲在那头；长大后，乡愁是一张窄窄的船票，我在这头，新娘在那头；后来啊，乡愁是一方矮矮的坟墓，母亲在里头，我在外头；而现在，乡愁是一湾浅浅的海峡，我在这头，大陆——在——那头。这首诗的名字叫《乡愁》，我把它送给今天从海的那边远道而来的各位团友，欢迎各位回故乡来看看……"

（3）抒情式的开场白。这一形式的开场白主要采用名人名言或诗词，通过导游深情的朗诵作为开头，创造出一种迎合游客慕名前来旅游又特别想尽快欣赏到美的迫切心情的气氛。抒情式的开场白要求句子精美，且最好为游客所熟悉的内容，讲解时注意把握好语音、语调、语速和适当的表情。例如：

烟台的开场白

各位朋友："烟台"的名字神奇迷人，她依山傍海、烟波浩渺，可谓人间瑶台。宋代大文豪苏东坡曾在这里留下了不朽的诗篇："东方云海空复空，群仙出没空明中。荡摇浮世生万象，岂有贝阙藏珠宫？"变幻莫测的海象、海市蜃楼的奇观、八仙过海的神话、徐福东渡的故事、秦始皇射鲛的传说为烟台的山山水水增添了许多神秘的色彩。

烟台历史悠久，有着厚重的文化底蕴。1万年前就有人在这里繁衍生息。数百年前这里就是商贾云集的商业重镇和重要的通商口岸。公元1398年在此设所建城，设狼烟墩台。1861年，烟台成为山东第一个开埠通商口岸，先后有英、法、美、德等17个国家在此建立领事馆。烟台山、东炮台、养马岛、昆嵛山、蓬莱阁、庙岛群岛、云峰山、龙口南山、牟氏庄园、招虎山、百年梨园……

烟台，是一个五彩缤纷的地方。朋友们，下面就随我一起去感受烟台的色彩吧。

（4）讲故事的开场白。一般而言，故事能吸引游客的注意力，激发游客的感情，使游客潜移默化地受到故事中人物的启发和激励。导游用讲故事作为开头，能增加游客的游兴、增强艺术效果。所讲的故事可以是景点的来历，也可以是美丽的传说，但要和即将参观的景点紧密联系，不能生搬硬套，也不能牵强附会。

2. 结束语的技巧

景点讲解的结束语具有总结游览内容、强调游览要点以及表达对游客的依依惜别之情的作用。好的结束语往往能够起到画龙点睛的效果，妙趣横生，给游客留下无限的回味余地。

（1）总结式的结束语。采用这类结束语时，导游应鼓励游客与自己一起参与回顾，总结游览景点的特点，突出强调游览内容，回答游客的疑问，以加深游客对景点的印象；还可追问游客的感受，达到意味深长、余意不尽的效果。

（2）表达祝愿和希望的结束语。良好的祝愿与希望是所有的游客都乐意接受的，把良好的祝愿和希望作为结束语，是中华民族乃至全人类在分别时的传统习俗，也是导游向游客表达自己心意的机会，有利于交流感情、增加友谊，给游客留下美好的印象。例如：

南山景区结束语

最后让我们借用宋代大诗人苏东坡的诗句来赞颂这尊世界上最高最大也是最重的锡青铜大坐佛：稽首天中天，毫光照大千。八风吹不动，端坐紫金莲。

看完大佛，在这里我们向北远眺，看到的是绿毡似的高尔夫球场，珍珠般撒落在山腰的座座水库和掩映在绿树中的片片红顶别墅，以及鳞次栉比的厂房、学校、医院……真可谓南北一脉，山海呼应，自然景观与人文景观交相辉映，古文化与现代文明情景交融，衬托出南山无限秀美。浩浩五千年的灿烂文化在这一片绿荫覆盖的青山中得到如此的浓缩和展现，这也许正是南山真正的魅力所在。不知道各位朋友您有没有领略到呢？

（3）表达诚恳谦虚态度的结束语。诚恳谦虚是中华民族的一种美德，也是一名优秀导游所具备的品质，在全心全意为游客服务的最后一刻，向游客表示自己诚恳

谦虚的态度,是导游高层次、高素质的体现,也是具有较高职业道德的反映。例如:

孔庙的结束语

游客朋友们,孔庙的游览到此结束了。从公元220年到新中国成立前,孔庙先后重修扩建七十多次;历经两千余年的历代重修扩充,使得曲阜孔庙形成了规模宏大的古代建筑群。共占地约14万平方米,殿堂阁庑466间,门坊54座,碑亭17座。规模之大,与北京故宫、承德避暑山庄并称为全国三大古建筑群。感谢各位在讲解中对我的支持和帮助,如果讲解过程中有什么不足之处,请多多批评指正,欢迎大家再次光临孔庙,再次光临曲阜,谢谢大家!

(三) 景点讲解的常用方法

在景点讲解中,导游应针对不同的游客,因时、因地、因人而异采取不同的讲解方法,以吸引游客的注意力,使每位游客都获得美的享受。常见的景点导游讲解方法有概述法、分段讲解法、突出重点法、触景生情法、虚实结合法、问答法、制造悬念法、类比法、画龙点睛法等。

1. 概述法

概述法是指导游员为了帮助游客更好地了解景点而在参观游览前介绍景点概况的手法,一般在景点示意图前进行。导游员进入某一个景点,一般都要在景点示意图前停留一会儿,将景点的历史沿革、地理位置、占地面积、整体布局、主要景观、游览路线等内容介绍给游客。这是一种辅助性讲解,目的是为了让游客对即将游览的景点有所了解,做到心中有数,以便更好地完成参观游览。例如:

孔庙建筑是仿皇宫体制,共分九进院落。主要建筑物坐落在南北中轴线上,附属建筑呈左右对称式排列。共有殿阁祠堂466间,54座门坊,两千多块碑碣,占地约327.5亩。建筑面积达1.6万平方米。

概述法并不是单调乏味的叙述。在运用这种方法时,导游员不只是要言辞简洁,还要辅以动听的语音语调、恰当的面部表情和手势动作,才能提高游客的兴趣。导游员要做的工作只是简单概述景点的基本情况,而印象则由客人观后去评价、感觉。

2. 分段讲解法

分段讲解法就是将规模较大的景点分为前后衔接的若干部分来逐段进行讲解的方法。一般来说,导游员在带团游览前先要按功能区或建筑风格将景区进行分区,然后在游览中顺次讲解。这样讲解层次清楚、要点明确,客人也容易理解。

例如:

烟台山景区

烟台山位于烟台市芝罘区北端,占地420余亩,海拔42米,东、北、西三面环海。这里不仅具有秀美壮观的海滨自然风光，而且是不同历史时期、不同性质的文物荟萃地，烟台山已成为烟台市最具历史文化特色和自然景观特色的文化旅游景区。近年来，烟台山文物遗迹已先后被公布为省、市级文物保护单位，并已作为整体申报全国重点文物保护单位。明洪武三十一年（1398年），因在山巅设烽火台防倭寇，烟台山和烟台市由"狼烟墩台"而得名，是最能代表烟台人文历史与自然景观特色的文物游览胜地，是烟台的标志和象征，是国家4A级景区、全国重点文物保护单位、省级爱国主义教育基地、省级文明景区。烟台山位于烟台市区北端。1861年烟台开埠，成为山东最早的开埠通商口岸，先后有17个国家在烟台设立领事，英、美、日、法、德、丹麦6国在烟台山修建了领事馆、官邸楼、教堂等30幢风格迥异的欧美建筑。景区内保留烽火台、忠烈祠、龙王庙、抗日烈士纪念塔等多处历史、人文、自然景观。1985年向社会开放后，建成了烟台开埠陈列馆、中国京剧艺术蜡像馆、中国钟表博物馆、中国锁具博物馆、烟台老照片馆、民间艺术馆和丹麦领事馆旧址复原陈列等8处展馆。

需要注意的是，在讲解正在游览的景点时，不要过多涉及下一景点的景物，但可以在快要结束这一景点的游览时，适当地渗透下一个景区的内容，目的是为了引起游客对下一景区的兴趣，并使讲解环环相扣、扣人心弦。

3. 突出重点法

突出重点法就是在导游讲解时不是面面俱到，而是突出某一方面的讲解方法。一处景点必定蕴含着丰富的讲解内容，如果导游讲解模糊，没有突出重点，那么游览结束后，就不会给游客留下深刻的印象。讲解时应有的放矢，做到轻重搭配、详略得当、重点突出。导游讲解时，一般要突出下述三个方面：

（1）突出具有代表性的景观。导游必须制定周密的计划，事先选定代表性景观，并提前做好讲解准备。所选取的代表性景观必须具有自己的特征，并在整个景区中具有典型性。例如：

去灵隐寺游览，应重点介绍大雄宝殿，因为大雄宝殿是整个景区的核心建筑，规模之大，在国内寺院中也鲜有所见。

（2）突出景点的与众不同之处。旅游资源重要的吸引力之一是其独特性。独具特色的旅游景点是旅游业赖以发展的依托，也是游客关注的焦点。讲解应注意发掘景点的独特性，把讲解的重点放在这里并尽力突出。如果在同一次旅游活动中会参观多处类似景观时，导游必须讲解各个景观的特征及与众不同之处，以求吸引游客的注意力，以免游客产生"雷同"的感觉。

（3）突出"……之最"。面对某一景点，可根据实际情况，介绍这是世界（或中国、某省、某市、某地）最大（最长、最古老、最高或最小）的内容，如此讲解突出了景点的价值，极易引起游客的兴趣。如世界上最大的宫殿群是中国首都北京的故宫；世界上最长的城墙是中国的万里长城，全长 6700 公里；世界上最高的机场是海拔 4368 米的中国西藏拉萨飞机场；杭州是浙江省经济最发达的城市，连续 5 年被美国《福布斯》杂志评为"中国大陆最佳商业城市排行榜"第一名，连续 5 年摘取"中国十大最具幸福感城市"桂冠；阮公墩是西湖中最小的岛屿。如果"之最"算不上，第二、第三也值得一提。

需要注意的是，导游不能为了突出特点而信口开河，不能言过其实、过分夸张，动不动就用"最大的"、"最高的"、"独一无二的"等词，所讲内容一定要有根据、有权威性。

（4）突出游客感兴趣的内容。游客的兴趣爱好各不相同，但同一职业、文化层次相同的人往往有共同的爱好。导游员在研究旅游团资料时要注意游客的职业和文化层次，以便在游览时重点讲解游客感兴趣的内容。投其所好的讲解方法往往能产生良好的导游效果。如游览故宫时，面对以建筑界人士为主的旅游团，导游员除一般介绍故宫的概况外，要突出讲解中国古代宫殿建筑的布局、特征、故宫的主要建筑及其建筑艺术，还应介绍重点建筑物和装饰物的象征意义等。如果能将中国宫殿建筑与民间建筑进行比较，将中国宫殿与西方宫殿的建筑艺术进行比较，导游讲解的层次就大大提高，就更能吸引人。面对以历史学家为主的旅游团，导游员就不能大谈特谈建筑艺术了，而应更多地讲解故宫的历史沿革，它在中国历史上的地位和作用，以及在故宫中发生的重大事件。

4. 触景生情法

触景生情法就是见物生情、借题发挥的导游讲解方法。在讲解时，导游不能就事论事地介绍景物，而是要借题发挥，利用所见景物制造意境，使游客产生联想。比如途径一片新城区，讲述城市建设的新面貌和人民居住水平的提高及生活条件的改善；参观工厂时，导游员可介绍我国国有企业改革的现状和有关政策；途经一家饭店时，介绍该饭店的服务水平、餐饮特色及鲁菜的发展。例如：

九丈崖公园的触景生情

我们今天首先要游览的是九丈崖公园，在长岛，看海蚀崖的最好去处就是九丈崖了。国家规划研究所所长、高级工程师宋世昆老师在游览了九丈崖后，感慨地说："我去过美国的长岛、厦门的鼓浪屿，去过世界很多地方，都没有九丈崖的风光这么美，它的海蚀地貌发育是世界第一流的！"正可谓是"欲写长山难着笔，不游九丈是虚生！"九丈崖公园位于北长山的西北角，是长岛最早开发的十大景观之一。大家看我们面前这道绵延几百米的崖壁就是九丈崖了，它是一亿年前的燕山构造运动和喜马拉雅山造山运动中形成的。在这里大家一定以为九丈崖就是高九丈而得名的，其实不是这样的。它的高度是69.7米,远远超过九丈了。因为在古代呢人们认为9就是最大的数字,天有九重、地有九层、官有九品,就连皇上住的故宫也是999座房屋,所以人们称它为九丈崖是为了形容它的高大,而不是真的九丈。

利用触景生情法讲解时,注意讲解的内容要与所见景物和谐统一,使其情景交融,让游客感到景中有情、情中有景。导游通过生动形象的讲解,有趣而感人的言语,赋予死的景物以生命,注入感情,引导游客进入特定意境,从而使他们获得更多的知识和美的享受。

5. 虚实结合法

虚实结合法就是在导游讲解中将典故、传说与景物介绍有机结合,即编织故事情节的导游手法。虚实结合法的"实"是指景物的实体、实物、史实、艺术价值等,"虚"指的是与景点有关的民间传说、神话故事、趣闻轶事等。"虚"与"实"必须有机结合,以"实"为主,以"虚"为辅,并以"虚"加深"实"的存在。

中国的大多数旅游景观都有美丽的神话传说和民间故事,如三峡风光中有"神女峰"的故事,九寨沟有动人的爱情佳话,杭州西湖有"西湖明珠自天降,龙飞凤舞到钱塘"的民间传说等。运用虚实结合法,能使讲解显得丰富多彩、起伏多变、扣人心弦,但切忌胡编乱造、无中生有。传说、典故等的运用必须以客观存在的事物为依托,以增强可信程度。

6. 问答法

问答法就是导游在讲解时向游客提问题或启发他们提问题的导游方法。问答法是导游为了避免个人从头到尾唱"独角戏",有意识地提出一些问题,巧妙地抓住游客的注意力,使游客由被动地听变为主动地参与,以达到活跃气氛、融洽导游与游客之间关系的目的。

一般来说,问答法主要有自问自答法、我问客答法、客问我答法、客问客答法四种形式。

(1) 自问自答法。自问自答法是由导游自己提出问题并适当停顿,让游客猜想,但并不期待他们回答。使用这种方法只是为了吸引游客的注意力,促使游客思考,提出的问题难度较大,接下来的讲解内容是比较重要或关键的。导游在提出问题后,停顿时间不能太长,应马上给予简洁明了的回答或生动形象的介绍。

(2) 我问客答法。我问客答法即由导游提出问题,引导游客回答或讨论的方法。这一方法要求导游善于提问,所提的问题难度适中,游客不会毫无所知,但可能会有不同答案。

导游要诱导游客回答,但不能强迫,以免让游客尴尬。游客的回答不论对错,导游都不应打断,更不能笑话,而要给予鼓励。最后由导游讲解,并引出更多、更广的话题。

例如张裕酒文化博物馆的名人题词与哪几位名人有关？张裕获得优质奖状和奖章的名酒有哪些？这类问题难度不大，游客稍动脑筋就可以回答。导游应事先考虑和设计所提的问题，使问题富有思想性、趣味性和教育性。

(3) 客问我答法。在导游过程中，游客有时会突然向导游提出问题，导游依据一定的事实基础和原则进行合适的表达，这就是客问我答法。游客提出问题，证明他们对某一景物产生了兴趣，因此导游应认真地回答，绝不能置若罔闻，也不能显示出不耐烦的神情，更不应该嘲笑游客。不过，导游对于游客的提问，不要问什么就答什么，一般只回答与景点相关的问题，而不让游客的提问打乱自己的导游安排。例如：

有关苏小小的提问

游客问："听说以前西湖边住着一个美女，名叫苏小小，您能够给我们讲讲有关她的故事吗？"

导游："可以，接下来我就为各位讲讲苏小小的故事吧。在通往孤山的必经之路上，有座西泠桥。1500多年前的南朝，桥畔住了一位杭州美女苏小小，她以西湖山水为伴，虽然一生短暂，却留下一段佳话。相传苏小小天生丽质、聪明过人，模样长得娇小可爱，因而得名小小。可怜她15岁时父母双亡，只得寄居在西泠桥畔的姨母家。此后成了一名歌妓，但洁身自好，对西湖山水情有独钟，经常乘着自己设计的油壁车逛西湖。一次游湖时，遇见了英俊书生阮郁骑着青骢马从西泠桥上款款而来，苏小小脱口吟出'妾乘油壁车，郎骑青骢马。何处结同心，西陵松柏下'的诗句。两人情投意合，一见倾心，之后便在西泠桥畔的松柏下订下了山盟海誓，打算共结百年之好。可是不久，阮郁被父母召回老家金陵，从此杳无音讯，再也没有回来。阮郁的离去使小小积思成疾、一病不起，含怨去世。"

(4) 客问客答法。有时当游客提出某一问题时，导游不立即作出回答，而是有意识地请其他游客来回答问题。导游在为专业团讲解专业性较强的内容时，可运用这种方法，但前提是必须对游客的专业情况和声望有较深的了解，并事先打好招呼，切忌安排不当，引起其他游客的不满。如果发现游客回答问题存在偏差或不足之处，导游应见机行事，适当指出，但注意不要使其自尊心受到伤害。此外，这种导游方法不宜多用，以免游客对导游的能力产生怀疑，产生不信任感。

7. 制造悬念法

制造悬念法是导游在讲解时常提出令人感兴趣的话题，但故意引而不发，给游客留下悬念，激起游客急于想知道答案的欲望的一种方法，俗称"卖关子"、"吊胃口"。通常是导游先提出问题，激起游客的兴趣，但不告之下文或暂不回答，让游客去思考、琢磨、判断，最后才讲出结果。这种用先藏后露、引而不发的手法得到的答案，往往会给游客留下特别深刻的印象。

8. 类比法

所谓类比法，就是在导游讲解时用游客熟悉的事物与眼前景物进行比较，以熟喻生，达到触类旁通的讲解方法。导游如用游客熟悉的事物与眼前的景物相比较，定会使游客感到亲切和便于理解，达到事半功倍的导游效果。类比法可分为同类相似类比、同类相异类比、时代之比等类型。

（1）同类相似类比。同类相似类比是将相似的两物进行比较，便于游客理解并使其产生亲切感。例如，可将杭州的延安路比作上海的南京路；将许仙与白娘子比作中国的罗密欧与朱丽叶等。针对不同国家和地区的游客，导游应根据他们所熟知的事物进行类比讲解，使其产生一种"虽在异国他乡却又犹如置身故里"的亲切感，满足其自尊心和自豪感。

（2）同类相异类比。同类相异类比是将两种风物比出规模、质量、风格、水平、价值等方面的不同。如在规模上，可将唐代的长安城与东罗马帝国的首都君士坦丁堡相比；在宫殿建筑和皇家园林风格和艺术上，可将北京的故宫和巴黎附近的凡尔赛宫相比，也可将颐和园与凡尔赛宫花园相比。

对于同类事物，如要比较其相同之处，可选择同类相似类比；如要比较其不同之处，则可以选择同类相异类比。这两种方法可以同时使用，并不冲突。

（3）时代之比。导游在讲解时，可将不同国家处于同一时期的帝王作类比，也可将年号、帝号纪年转换为公元纪年。例如，外国游客对中国的朝代不甚了解，当导游介绍西湖的湖形基本形成时间时，用"约公元2000年前左右"的表述比"西汉时期"更好。

9. 画龙点睛法

用凝练的词句概括所游览景点的独特之处，以加深游客印象的讲解方法称为"画龙点睛法"。游客听了导游的讲解，观赏了景物，一般都会有一定的感悟，导游可趁此机会给予适当的总结，以简练的语言甚至几个字来点出景物精华之所在，帮助游客进一步领略其奥妙，获得更多更高的精神享受。例如，在游览完海南后，导游可用"椰风海韵春常在，请到天涯海角来"来赞美海南风光；总结青岛风光特色可用"碧海、金沙、绿树、蓝天、红瓦"五种景观来概括；导游可用"雄伟、堂皇、庄严、和谐"八个字来形容故宫的形式特点。例如：

山海仙境、葡萄酒城

各位朋友，欢迎大家到"山海仙境、葡萄酒城"的烟台来旅游。

山与海的相互依托，人间与仙境的完美映衬，古老与现代的巧妙结合，构成了这座城市的瑰丽迷人的景观。这里有八仙过海的传说，这里有百年开埠文化的遗存，这里有甘甜的葡萄美酒，还有味美的海鲜、水果，全国储量第一的黄金……烟台地处山东半岛东部，濒临黄海渤海，与大连、韩国、日本隔海相望。还是中国古代早期文明的发祥地之一，具有悠久的历史和灿烂的文化。烟台古称芝罘，公元前221年秦始皇统一中国后曾三次东巡，两次登临我国最大的陆连岛——芝罘岛。说起烟台名字的由来，还要从我们的母亲山说起，明洪武三十一年，明太祖朱元璋为防倭寇侵扰，在芝罘湾北山山巅建起了一座施放烽烟示警预敌的烽火台，人们称其为"烟台"，这座临海的小山就被称为烟台山，山前发展起来的城区就被称为烟台市，烟台得名至今已有600多年的历史了。

除上述九种常用的讲解方法外，景点导游讲解的方法还有很多，如名人效应法、课堂讲解法、妙用数字法、启示联想法等，这里不再一一介绍。在具体工作中，各种导游方法和技巧不是孤立的，而是相互渗透、相互依存、密不可分。导游在学习众家之长的同时，必须结合自己的特点融会贯通，在实践中形成自己的导游风格和导游方法，并且善于根据具体的时空条件和对象，灵活地运用各种方法，并且要不断总结、扬长避短，才能获得不同凡响的导游效果。

四、景点讲解的注意事项

1. 讲解与游览相结合

俗话说："看景不如听景。"游客通过聆听导游的讲解可以欣赏到更多的风景。但是，导游的讲解不能取代游客的游览，导游并不是讲得越多越好，而是要把握节奏，以讲解为主，以游客游览为辅，有导有游，实现讲解和游览相结合。

导游在景点内进行讲解时，要有缓有急、有松有紧、有取有舍、讲究讲解的节奏。一般情况下，行路时少讲些、讲快些，观赏时多讲些、讲慢些。导游应根据各景点的具体情况和观赏价值，确定讲解节奏，做到有的放矢。

2. 讲解与游客的兴趣相结合

游客的兴趣爱好各不相同，但从事同一职业的人或文化层次相同的人往往有共同的爱好。导游在研究旅游团的资料时，要注意游客的职业和文化层次，以便在游览时重点讲解旅游团内大多数成员感兴趣的内容。

同步案例

依据游客情况来确定讲解的内容和兴趣话题

小赵是河北××旅行社刚工作一年的年轻导游，他带的一个系列团让他很难忘，也学到了不少知识。

暑假，旅行社组了一个单位的系列团，前后分四批参加"承德避暑山庄——木兰围场"三日游。由于小赵老家就在承德，社里安排小赵带了第一批团，团里有不少那个单位的领导，小赵为这个团作了许多准备工作，欢迎辞、欢送辞、景点讲解、当地风土人情等，内容详细，而且有一定深度。第一批团带得很顺利，游客反应很好。社里决定再让小赵带最后一批团。小赵这次上团讲的欢迎辞、欢送辞、景点讲解、当地风土人情和上次讲的差不多，原本以为也会得到游客的表扬，却是反应平平。

事后，旅行社接待部经理向该团的团长来了解，小赵带的第一批团年纪大的人多，文化水平比较高；而小赵带的最后一批团大多是初中或中专文化的一线职工，爱玩爱动的年轻人，游客反映小赵讲得没意思。接待部经理让小赵好好反思，找出最后一批旅游团反应平平的原因。

分析点评

小赵带的两个团虽然同属于一个单位，但小赵却忽视了两个团队的年龄、文化水平、社会地位差异这一细节。第一批团队游客文化水平高、年纪稍大，这批游客更注重导游的内涵，因此比较认可小赵的讲解；而小赵带的最后一批团大多是一线职工，学历不太高，不少人是初中文化，年轻人多，爱玩爱动，小赵讲得太多，调动大家积极性的兴趣话题、游戏太少，因此这批游客评价不高。

3. 讲解内容与讲解时机、地点相结合

在景点游览时，导游应把握在什么时间、什么地点、具体讲解什么内容，有计划有选择地讲解，做到讲解的内容与时间、地点完美地结合起来。例如，雁荡山合掌峰同时有夫妻峰、双乳峰、雄鹰峰等名称，就是因为观赏位置不同而造成的。

讲解时机与地点把握得好，能提高游客的观赏意识，增强游兴，使游客获得美感。这要求导游统筹考虑景点特色、游客的心理变化、游览路线和速度以及日程安排等，选择最佳时机和适宜的地点，进行有条不紊的讲解。

4. 留意游客的动向，防止游客走失

在景点导游过程中，地陪应注意游客的动向，并观察周围的环境，在景点的每一次移动都要和全陪密切配合并经常用目光默点游客人数，防止游客走失和意外事件的发生。

5. 给游客留下摄影时间

在游览过程中，一定要注意引导观赏与讲解的有机结合，并要留出时间让游客自己去体会；要留出足够的时间，让每一位游客都能拍到满意的照片。但需要注意的是，不能因拍照而影响了正常的游览活动。地陪应适当掌握一些摄影常识，能指导游客选景、取景，把最美的景象留在游客的相机中，这同样能起到宣传和"扩散"作用。必要时地陪还应当充当摄影师的角色，为游客摄影、留念。

6. 有技巧的结束语

四、返程服务

景点游览结束后，地陪应引导游客上车，并再次清点人数，确保无人掉队。在返回途中，游客一般比较疲惫，原则上不宜做太长时间的讲解。

1. 回顾当天时间

回顾当天参观、游览的内容，如在参观游览中有漏讲的内容可作补充讲解，回答游客的提问。

2. 返程风光导游

这主要是针对不原路返回饭店时，地陪应做的沿途风光导游。如果原路返回，则只进行补充性讲解。

3. 宣布次日或当晚活动安排

在返回饭店下车前，地陪要预报当晚或次日的活动日程、出发时间、集合地点等。下车时提醒游客带好随身物品，然后下车在门口恭送游客。待游客全部下车后，地陪要清车检查有无游客遗留物品。最后地陪要通知饭店前厅次日的叫早时间和用早餐时间。

任务评价

表 4-1　地陪参观游览服务评价表

第　　　　组　　　组长　　　　

内　　容		分值/分	自我评价	小组评价
出发前的准备工作	提前到达酒店	2		
	核实实到人数	4		
	预报天气，提醒注意事项	5		
	组织游客登车	4		
途中导游服务	重申当日活动行程及注意事项	5		
	沿途导游讲解	10		
	途中气氛调节	10		
	简要介绍游览的景点	5		
	抵达景点前的提醒工作	5		
景点导游服务	购票入园	5		
	提醒注意事项	5		
	游览中的导游讲解	15		
	留意游客的动向	5		
	给游客摄影留下时间	5		
返程服务	回顾当天活动	5		
	返程风光导游	5		
	宣布次日或当晚活动安排	3		
	确定叫早时间	2		
建　　议				

参观游览服务基本要求：
1. 工作环节不遗漏，细致周到。
2. 景点讲解完整清晰有吸引力。
3. 沿途讲解灵活轻松使人愉快。

星级评定：
　　★（59分及以下）　　★★（60~69分）　　★★★（70~79分）
　　★★★★（80~89分）　　★★★★★（90分及以上）

任务拓展

案例分析

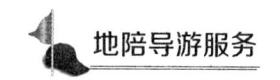

在一个炎热的夏天,上海××旅行社导游带领着一群兴致勃勃的游客参观游览龙华古寺,在宝塔下他站在背光处滔滔不绝地讲解着。刚开始时,游客津津有味地听着;10分钟后,游客走掉三分之一;15分钟后,游客又走掉一半,20分钟后,身旁的游客已寥寥无几。这时,有几位游客在一旁的遮阳处大声叫喊起来:"导游,差不多了,有人要中暑了!"

请分析:导游应如何控制讲解的时间?

实战操练

熟悉烟台市区的主要景点,如:烟台山、张裕酒文化博物馆、养马岛、滨海路及市容市貌,并在班上进行讲解。

知识链接五

活跃旅途气氛的方法

在旅途中组织娱乐活动,除了可以消除突发事件的影响,同时还可以提高游客互相认识的机会,增加旅游兴致。导游带团常见的娱乐活动有讲故事、说笑话、做游戏、歌曲表演及诗词朗诵等。导游在组织团队娱乐活动时应做到心中有数,并掌握必要的技巧,如讲明活动规则,尽量让每一位团友都参与。

一、讲故事与说笑话

1. 抓住时机,有的放矢

导游在讲故事、笑话时,要抓住时机、有的放矢。例如,临近用餐时间,导游可以讲个这样的笑话:在餐厅里,游客一边看菜单,一边问:"有'火鸡'吗?"这时,一位服务员立刻站到游客身旁,大声地说:"先生,我就是伙计。"在游客哈哈大笑中,就可以让大家谈谈各地用餐者对服务员的叫法。游客在开心一笑后再去用餐,实为餐前的一道美味"甜点"。

2. 注意声情并茂

导游讲故事、笑话时要注意声音和表情的运用,对角色可以进行适当夸张模仿,刻画其生动有趣的形象，以引起强烈的共鸣。

3. 注意停顿，保持冷静

导游在讲故事、笑话时，部分游客会相互聊天，没有关注故事、笑话的内容。这时，导游可以利用停顿把大家的注意力放在自己身上，甚至还能引起大家的好奇心，这样的故事、笑话才容易让人印象深刻。特别是要转换语气或是要换到下一段时，一定要停顿，让游客跟上进度，同时引起他的期待。

4. 讲故事、讲笑话的注意事项

导游讲故事、笑话时尽量选择在轻松愉快的氛围下进行，尽量不要把笑话当作节目来表演，而是穿插在导游词中进行讲解，从而避免因笑话带来的尴尬。导游千万不要为了迎合少数游客的兴趣，而去讲黄色笑话和政治笑话。在讲笑话时，切勿取笑他人。例如：

《鲨鱼》：鲨鱼看着一个滑浪风帆运动员说："招待真周到呀，既有午餐，又有盘子和餐巾！"

《那是您的汤》：格瑞先生在海边度假。他住的旅馆不太好，每餐给的量很少。一天，他准备吃晚饭，看见盘子湿漉漉的，他举起盘子对服务员说："这个盘子是湿的，请给我换一个。"那是您的汤！"服务员回答。

《旅客名单》：豪华客机上，非洲食人族的小国国王也是乘客之一。空中小姐询问："先生，您的午餐想吃什么？牛排好吗？"国王摇头。空中小姐又问："鸡排好吗？"国王仍摇头。空中小姐说："先生，您究竟想吃什么？"国王说："请拿旅客名单给我……"

《不甘示弱的下场》：老李开车到山里观光，突然见到另一辆车从前面拐弯而出，向他迎面驶来。那辆车的司机探出头来对他喊了一声："猪！"车子没有慢下来就绝尘而去。他百思不得其解，又不甘示弱地回头朝那辆远去的车大喊："你才是猪！"就在此时，他的车撞上了一猪群。

《坐电梯》：某先生来到一家大饭店，办完手续后跟行李员离开总台，突然他对行李员吼道："我是决不会付这么多的钱去住这碗柜大小的房间，这房间里连一个凳子都没有！"行李员说："请您进去吧，这是电梯。"

二、旅途游戏

在旅途中，做些游戏可以增进导游与游客之间的了解和友谊，同时给旅途增添乐趣。常见的旅途游戏有猜谜语、成语接龙、互动游戏、绕口令等。

1. 猜谜语

组织猜谜语游戏的技巧有：第一，所出的谜语不能太难；第二，猜谜语可带一定的目的，如通过猜谜语引出所到达的景点等，谜面是"江郎才尽不言诗"，谜底是

"灵隐寺";第三,对教师团、学生团、文化学者团,可多用猜谜语;第四,游客猜不到的时候要以合适的方式及时给出答案。

2. 成语接龙

首先,要让游客明确成语接龙游戏的一般规则:由一位代表说一个成语后,从前排开始,每位游客都要参加,所说成语的第一个字必须是上个成语的最后一个字或谐音字。其次,注意成语接龙游戏的组织技巧:第一,游客的对象一般为精力旺盛的年轻人;第二,成语接龙的游戏时间不宜过久,一般为20分钟左右;第三,尽量和参观的景点或当地风土人情关联。

3. 互动游戏

导游要讲明互动游戏的规则。例如:吃鸡游戏是要求每位游客讲出吃鸡的某一个部位并说出烹饪方法,部位不能重复,烹饪方法可重复,如红烧鸡脚、生喝鸡血等。在5秒钟之内不能说出答案者,则需要表演节目。导游要注意做游戏的技巧:第一,在车上做游戏时,游客人数最多在20人之内,因为人数太多,游客说答案会互相听不清楚;第二,要求说答案时最好大声说出。

4. 绕口令

导游要向游客明确绕口令游戏的规则:要在规定的时间内将所给绕口令文字说完,中间不能停顿,如果在规定时间内没说完或说错,则需要表演节目。

举例:按照座位顺序,第一位游客说"走一走,扭一扭,遇见一棵柳树,搂一搂"。第二位,只要把其中的"一"改成相应的数字,依此类推,不念错就算过关。

导游还要注意做游戏的技巧:第一,在车上做游戏时,游客人数最多在20人以内,因为人数太多,游客说答案会互相听不清楚;第二,说一些带有动作的词,要求游客做动作;第三,绕口令不要过于繁杂或绕口,而在于娱乐性。

《猜谜语》:一片青草地——打一花名(梅花),又是一片青草地——打一花名(野梅花),来了一只羊——打一水果名(草莓),又来了一只狼——打一水果名(杨梅),又来了一群羊——打一小食品名(喜之郎)。

《小谜语》:途中(打一数学名词):半径;产科专家(打一教育名词):研究生;打死它,却流出我的血(打一种动物):蚊子;准败不准胜(打一汽车品牌):别克;炭(打一成语):头重脚轻;太阳西边下,月亮东边挂(打一字):明;九十九(打一字):白。

《猜地名》:拆信(猜一河南地名):开封;日近黄昏(猜一河南地名):洛阳;圆规画鸡蛋(猜一山西地名):太原;萤火虫(猜一云南地名):昆明;胖子开会(猜一安徽地名):合肥;大家都笑你(猜一黑龙江地名):齐齐哈尔;一路平安(猜一辽宁地名):旅顺;千里戈壁(猜一湖南地名):长沙;四季花开(猜一吉林地名):长春;海上绿洲(猜一山东地名):青岛。

《有口难言》：由一人做动作，其他人去猜，可以猜一种物体，也可以猜一个成语等，猜对者有奖励。

《相反动作》：由一人做动作，如果伸左手，其他人就得伸右手，如果双手搭肩，其他人就得双手上举。可反复做几次，速度加快，动作无误者获胜。

《青蛙陷阱》：一只青蛙一张嘴，两只眼睛四条腿；两只青蛙两张嘴，四只眼睛八条腿；……依此类推，每人一句，量词或数词说错要受罚。

《明七暗七》：明七是指7、17、27等，暗七是指7的倍数或以7作为十位数的所有数字，这些属于不能说的数字。大家轮流从1开始说起，遇到明七暗七拍手，如果说错要受罚。

《脑筋急转弯》：汽车在右转弯时，哪一个轮胎不转？（备用胎）；黑头发有什么好处？（不怕晒黑）；离婚的主要起因是什么？（结婚）；放一支铅笔在地上，要使任何人都无法跨过去，怎么做？（放在墙边）

《顺口溜》：入境广州，看车头；飞抵桂林，看山头；转到西安，看坟头；浏览北京，看墙头；过往天津，看码头；远足青海，看源头；参拜西藏，看佛头；古都南京，看石头；醉游上海，看人头；莫忘杭州，看丫头。

《云南十八怪》：云南第一怪，鸡蛋用草串着卖；云南第二怪，米饭饼子烧饵块；云南第三怪，三只蚊子炒盘菜；云南第四怪，石头长到云天外；云南第五怪，摘下草帽当锅盖；云南第六怪，四季衣服同穿戴；云南第七怪，种田能手多老太；云南第八怪，竹筒能做水烟袋；云南第九怪，袖珍小马有能耐；云南第十怪，蚂蚱能做下酒菜；云南十一怪，四季都出好瓜菜；云南十二怪，好烟见抽不见卖；云南十三怪，茅草畅销海内外；云南十四怪，火车没有汽车快；云南十五怪，娃娃出门男人带；云南十七怪，过桥米线人人爱；云南十八怪，鲜花四季开不败。

《绕口令：喇嘛与哑巴》：打南边来了个哑巴，腰里别了个喇叭；打北边来了个喇嘛，手里提了个獭犸。提着獭犸的喇嘛要拿獭犸换别着喇叭的哑巴的喇叭；别着喇叭的哑巴不愿拿喇叭换提着獭犸的喇嘛的獭犸。不知是别着喇叭的哑巴打了提着獭犸的喇嘛一喇叭；还是提着獭犸的喇嘛打了别着喇叭的哑巴一獭犸。喇嘛回家炖獭犸；哑巴滴滴答答吹喇叭。

三、歌曲与诗词表演

1. 注意歌曲表演的技巧

第一，导游可以演唱本地歌曲，加深游客对本地的认识，如三亚可唱"请到天涯海角来"、到内蒙古可唱"敖包相会"等；第二，导游可以演唱游客家乡的歌曲，让游客在异地听起来既亲切又别有风味；第三，根据不同的场景选唱不同的歌；第四，根据客人的年龄、性别选择不同的歌曲。

2. 注意朗诵诗词的技巧

第一，导游应把所朗诵的诗词背得滚瓜烂熟，并要掌握这些诗词的中心思想、写作背景、修辞手法等；第二，导游朗诵诗词时在正确把握语音、语调的基础上，要特别注意富有情感；第三，导游还要注意朗诵的场合和氛围，一般要结合景点、景观和讲解内容。

常用的接团、送团歌曲如下：

《小城故事》：小城故事多，充满喜和乐，若是你到小城来，收获特别多。看似一幅画，听像一首歌，人生境界真善美这里已包括。谈的谈，说的说，小城故事真不错，请你的朋友一起来，小城来做客。

《好人一生平安》：有过多少往事，仿佛就在昨天，有过多少朋友，仿佛就在身边。也曾心意沉沉，相逢是苦是甜？如今举杯祝愿，好人一生平安。谁能与我同醉，相知年年岁岁，咫尺天涯皆有缘，此情温暖人间。

《把根留住》：多少脸孔，茫然随波逐流，他们在追寻什么？为了生活，人们四处奔波，却在命运中交错。多少岁月，凝聚成这一刻，期待着旧梦重圆。万涓成水，终究汇流成河，像一首澎湃的歌。一年过了一年，啊……一生只为这一天，让血脉再相连。擦干心中的血和泪痕，留住我们的根！

知识链接六

中国宗教知识

一、佛教

佛教是以信仰"佛"为中心的宗教，公元前6世纪由古印度迦毗罗卫国（今尼泊尔南部）净饭王的太子乔达摩·悉达多所创。后世佛教徒尊称其为"释迦牟尼"，意即释迦族的圣人，简称为佛陀、佛。佛是梵音，意为觉悟者，即自觉、觉他、觉行三觉圆满的智者。现在，释迦牟尼的出生地兰毗尼花园、成道地菩提伽耶、初转法轮地鹿野苑、涅地拘尸那迦是世界闻名的佛教四大圣迹。

（一）佛教供奉的对象

1. 佛

佛指自觉、觉他、觉行圆满者，是佛教的最高尊神。佛不仅能够自我解脱、教化他人，而且法力无边。大乘佛教宣称三世十方处处有佛。佛教经典和佛寺中主要有三身佛、三方佛、三世佛、华严三圣等。

（1）三身佛

佛教天台宗有"佛具三身"的说法。佛具三身，即法身佛、报身佛、应身佛。

三身佛的中尊为"法身佛"，梵音名为毗卢遮那，它是佛教真理凝聚而成的佛身，象征佛法真理无处不在。左或右尊为"报身佛"，名卢舍那，是在法身的基础上，经过艰苦修习而获得的佛果之身，显示佛的智慧。右或左尊为"应身佛"，名释迦牟尼，是佛为超度众生、来到众生之中，随缘应机而呈现的各种化身。

（2）三方佛

又称横三佛，是在不同空间同时存在的三尊佛。中尊为娑婆界尘世教主释迦牟尼佛、左尊为东方净琉璃世界教主药师佛、右尊为西方极乐世界教主阿弥陀佛。释迦牟尼的左胁侍为文殊菩萨，右胁侍为普贤菩萨，三者合称"释家三尊"。药师佛的左胁侍为日光菩萨，右胁侍为月光菩萨，三者合称"东方三圣"或"药师三尊"。阿弥陀佛的左胁侍为观音菩萨，右胁侍为大势至菩萨，三者合称"西方三圣"或"阿弥陀三尊"。

三方佛体现了净土宗向往西方极乐世界的信仰。

（3）三世佛

又称竖三佛，指世界轮回流转相继存在的三尊佛。中尊为现在世佛释迦牟尼、左尊为过去世佛燃灯佛、右尊为未来世佛弥勒佛。

佛教认为，世界有周期性的轮回生灭，每128亿年就要毁灭一次，称为"一劫"。三世佛表示佛法永存，世代不息。

（4）华严三圣

是毗卢遮那佛及其两个亲密的助手文殊菩萨和普贤菩萨的合称。华严宗认为无限的宇宙是华藏世界，法身佛毗卢遮那是该世界的教主，它无所不在，整个华藏世界不过是毗卢遮那的显现而已，一切佛、菩萨都是毗卢遮那佛的应化身。

2. 菩萨

名称	道场	法器	作用
文殊菩萨（大智菩萨）	山西五台山	手持宝剑、身骑狮子	专司佛的智慧
普贤菩萨（大行菩萨）	四川峨眉山	如意棒、坐骑白象（六牙大象）	专司佛的理德
观音菩萨（大悲菩萨）	浙江舟山普陀山	净瓶，杨柳枝	大慈大悲，人若有难只要诵其号，观音菩萨即前往拯救解脱，救人于大苦大难中。共有33个化身
地藏菩萨（大愿菩萨）	安徽九华山	如意珠、锡杖	地狱不空，誓不成佛
大势至菩萨	江苏南通狼山	宝瓶	智慧之光普照世界一切众生，使众生解脱血火刀兵之灾

3. 罗汉

罗汉是"阿罗汉"的简称,指经过修行获得罗汉果位、超越生死轮回的解脱者。其中迦叶和阿难在罗汉中名气最大,他们是佛祖的亲传弟子。释迦牟尼涅槃后分别成为第二、第三代佛教领袖。一般来讲,阿难的形象是一位年青英俊的比丘,而迦叶的形象是一位饱经风霜的老和尚。罗汉是小乘佛教修行所能达到的最高果位,在大乘佛教中低于佛、菩萨,位居第三。寺院中常见的有十六罗汉、十八罗汉和五百罗汉。

4. 护法天神

(1) 四大天王

四大天王是传说中掌管东西南北四大部洲山河大地神,也称护世四大天王。佛教传入中国后,其形象逐渐汉化。今天我们所见的四大天王的形象是:东方持国天王,身白色,着甲胄,手持琵琶,职调;南方增长天王,身青色,着甲胄,杖剑,职风;西方广目天王,身红色,着甲胄,手握龙蛇,职顺;北方多闻天王,身绿色,着甲胄,持伞,职雨。

(2) 韦驮

韦驮原为南方增长天王手下神将,后亲受佛祖法旨,周统东、西、南三洲巡游事宜,保护出家人,护持佛法。汉化的韦驮为中国古代武将形象,手持法器金刚杵。

(3) 哼哈二将

指伽蓝守护神密迹金刚和那延罗天。二者以金刚力士像置于山门之空门两侧,左尊开口,执杵;右尊合口,提棒。

(4) 伽蓝神

即寺院的守护神,其地位相当于寺院的土地神。关羽是最著名的汉化伽蓝神。

(二) 佛教圣地

中国汉地佛教名胜众多,寺院林立。著名的寺院有五台山南禅寺、陕西西安慈恩寺、江苏扬州大明寺、江苏南京栖霞寺、江西庐山东林寺等。藏传佛教的主要寺院有布达拉宫、大昭寺、小昭寺、扎什伦布寺、塔尔寺、北京的雍和宫和承德的外八庙等。

(三) 佛教四大名山

1. 清凉胜境——五台山

五台山位于山西省。五台山峰峦层叠,沟壑纵横,盆地与山峦交错,山中五峰高耸,峰顶平坦如台故而得名。这里平均海拔在2000米之上,盛夏气候凉爽,所以五台山又有"清凉山"之称。相传五台山是文殊菩萨的道场,也是我国最大的佛教道场。被称为"五大禅处"的寺院是显通寺、塔院寺、菩萨顶、罗㬋寺和殊像寺。五台山,是我国唯一兼有汉语系佛教与藏语系佛教道场的圣地。青庙与黄庙并存,显教与密教竞传，是500年来五台山佛教的最大特色。

2. 海天佛国——普陀山

普陀山是浙江舟山群岛中的一个花岗岩体小岛，面积仅12.76平方公里，是我国四大佛教名山中唯一的海岛低山，这里碧波荡漾、潮音频传、风光绮丽、寺庵密集，既有海之胜又兼山之幽，素有"海天佛国"之称。普陀山是观音菩萨的道场，共有寺院70余座。现在，普陀山已经成为著名的国际性道场，每逢大型法会时，海内外大批香客都来参加普陀法会，盛况空前，有"海天佛国""普陀三大寺""中国佛教最大的国际性道场"之称。

3. 秀甲天下——峨眉山

峨眉山位于四川省。它包括大峨、二峨、三峨、四峨四座大山，现在人们常说的峨眉山主要指大峨山。峨眉山主峰万佛顶海拔3000多米，峰峦起伏，重岩叠翠，气势磅礴，雄秀幽奇，素有"峨眉天下秀"的称誉。再加上金顶"佛光"、"圣灯"等奇观，因而享有"光明山"之美称。早在隋唐时期，峨眉山就被尊为普贤菩萨的道场。现存寺庙20多座，著名的有报国寺、伏虎寺等。这些寺庙建筑依山取势，各具风姿，有"峨眉山三大奇观"美景。

4. 佛国仙城——九华山

位于安徽青阳县西南，面积100余平方公里，因山峦奇秀、高出云表、峰峦异状，其数为九，故名九华山。这里古刹丛林遍布其间，晨钟暮鼓，声震遐迩。著名的寺院有祇园寺、百岁宫、东崖寺和甘露寺，有"九华山四大丛林"。

二、道教

道教是中国本土产生的宗教，距今已有1800余年的历史，道教文化对中华文化的各个层面产生了深远影响。

（一）道教两大流派

	全真道	正一道
创建	金初、王重阳	元代
经典	道经《道德经》，佛经《般若波罗密多心经》，儒经《孝经》，主张三教合一	《正一经》
主要特征	重内丹修炼，不尚符箓，不事黄白之术，以修真养性为正道	行符箓
戒规	出家住宫观，不得蓄妻室，不茹荤腥，断酒色财气，清规戒律严	不居宫观在家修道，可以有家室，清规戒律不严
传播地区	全国大部分地区	江南及台湾地区
祖庭	终南山重阳宫、北京白云观、山西永乐宫是全真道三大祖庭	龙虎山

（二）道教的经典、标志

1. 道教的经典

道教尊先秦道家学派的创始人老子为教祖，将《老子》一书改名为《道德真经》作为道教经典。《道藏》是道教经典的汇编，集道教经典之大成。第一部《道藏》编成于唐代，除道教经书外，还有诸子百家和医学、化学、生物、体育、保健、天文、地理等方面的论著，是我国古代文化的重要组成部分。

2. 道教的标志为八卦太极图

八卦是《周易》中的八种基本图形，它是儒家经典《周易》的重要概念。卦形由阳爻"——"，阴爻"--"组成，每卦三爻，共组成八卦，象征着八种基本的自然现象。后世包括道教在内的各种命相之术，都用八卦和天干地支相配合来测算人的吉凶祸福。

乾卦象征天。　坤卦象征地。

震卦象征雷。　艮卦象征山。

离卦象征火。　坎卦象征水。

兑卦象征泽。　巽卦象征风。

（三）道教供奉的对象

1. 尊神

（1）三清：玉清、上清、太清

太清道德天尊——玉清元始天尊——上清灵宝天尊

（2）四御（辅助三清的四位天帝）

玉皇大帝（天公）：总持天道。

紫微北极大帝：协助玉皇大帝执掌天地经纬、日月星辰、四时气候。

勾陈南极大帝：协助玉皇大帝执掌南北极和天地人三才，统御众星，并主持人间兵戈之事。

后土皇地祇（地母）：执掌地道（掌阴阳生育、万物之美、大地山河之秀）。

（3）三官：天官、地官、水官（在民间分别象征福、禄、寿）

天官——赐福；地官——赦罪；水官——解厄

2. 神仙

（1）八仙：铁拐李，汉钟离，张果老，何仙姑，蓝采和，吕洞宾，韩湘子，曹国舅。

（2）"真武大帝"：真武大帝及其祖庭。元明以来受到皇家特别尊崇的原因：原为星宿神，指黄道圈上北方七宿玄武，呈龟蛇形象，宋代成为道教大神。传真武为净东国太子，后在武当山修炼，得道飞升，威镇北方，为北方最高神，又是水神（有防止火灾之威力）。元世祖统一，忽必烈营建大都、与南宋对抗时，传西直门外有龟蛇显现；明代朱棣发动"靖难之变"向南京进攻时，传真武曾显像助威。故元明以来真武大帝受到皇家特别尊崇，各地纷纷建真武庙。其祖庭在湖北武当山。广东佛山祖庙、云南昆明太和宫、广西容县经略台真武阁。

（3）我国古代读书人特别尊崇文昌帝君和魁星的原因。道教称文昌帝君掌管人世功名利禄，魁星主文运，故在古代备受读书人崇拜。文昌帝君的祖庙为四川梓潼七曲山文昌宫（梓潼大庙）。

（4）妈祖（天妃、天后）的来历，我国三大妈祖庙及妈祖祖庭。妈祖原名林默，生于北宋建隆元年（公元960年）。传她生而神异，救助过不少海上遇难渔民和船只，后在福建莆田湄洲岛羽化升天。当地渔民在岛上盖庙祭祀。

3.护法神将

（1）关圣帝君

山西运城解州（关羽出生地）关帝庙是全国规模最大、最为壮观、保存最完好之关帝庙。河南洛阳的关林传为埋葬关羽头颅之处，也是著名的关帝庙。

（2）王灵官

（四）著名道观、名山

1.五岳

五岳指东岳山东泰山、西岳陕西华山、南岳湖南衡山、北岳山西恒山和中岳河南嵩山。"五岳"就其海拔高度和山体规模而言，不要说在中国，就是在其所在的地区，也不算高大，但它们久负"岳"之盛名，关键因其乃帝王亲赐。其中，泰山是历代帝王举行盛大封禅活动的场所。此外，"五岳"宗教文化遗产颇多，古迹和摩崖石刻极多。

名称	位置	知识点	供奉神仙
东岳泰山	山东泰安	东岳大帝泰山神。岱庙是东岳大帝的祖庭，也是全国各地东岳庙的主庙。它与北京故宫、曲阜三孔、承德避暑山庄称为我国四大古建筑群	碧霞元君祠
中岳嵩山	河南省登封西北	中岳大帝嵩山神，道、佛、儒三教荟萃之所	
西岳华山	陕西省华阴县南	西岳大帝少昊，是五岳中唯一为道观独占的名山	
南岳衡山	湖南衡阳市南岳区	供奉南岳大帝衡山神，道、佛、儒三教荟萃之所	
北岳恒山	山西曲阳	供奉北岳大帝	

2. 道教发祥地

名称	位置	知识点
青城山	四川都江堰市西南	"青城天下幽"
终南山	陕西西安市南	老子入关，在楼观台讲授《道德经》，故这里被视为道教发祥地之一

三、伊斯兰教

（一）创立

创立于公元7世纪初，与佛教、基督教并称三大宗教。伊斯兰为阿拉伯语的音译，本意是"顺服"，意思是顺服唯一的"安拉"。伊斯兰教的教徒称为穆斯林，意为顺服"安拉"意志的人。

穆罕默德是一位宗教家、思想家、政治家和军事家。他生于阿拉伯半岛麦加城一个没落的贵族家庭，自幼父母双亡，12岁时随伯父在巴勒斯坦、叙利亚等地经商。在此期间他积累了丰富的知识和经验，也接触到了基督教和犹太教等宗教思想。当时阿拉伯半岛信仰多神，且连年战事不断，穆罕默德对这一现状极为不满并深感忧虑。公元610年前后，穆罕默德宣称自己是"安拉"的使者，是"先知"，他奉行"安拉"的意志创立伊斯兰教。伊斯兰教国家将622年7月16日定为伊斯兰教历法纪年的开始。公元631年穆罕默德统一了阿拉伯半岛，建立了政教合一的国家。

632年，穆罕默德"归真"，葬于麦地那清真寺。穆罕默德归真后，伊斯兰教内部高层就继承权问题发生了争论，逐渐分裂形成两个宗教派别，即逊尼派和什叶派。

逊尼派：自称正统派，由圣门弟子团发展而来。该派流传较广，是伊斯兰教最大的教派，中国穆斯林多属此派。

什叶派：原意为"追随阿里（四大哈里发之一）的人"，指拥护阿里、主张世袭的"合法主义"派别。该派人数较少，主要分布于伊朗、伊拉克、巴基斯坦、印度、也门等地，约占穆斯林总人数15%左右。中国新疆塔吉克族属什叶派。

伊斯兰教目前流行于亚洲、非洲，特别是西亚、北非、南亚、东南亚各地，在90多个国家和地区拥有10多亿信徒，是世界三大宗教之一。清真寺是穆斯林聚众礼拜的场所，在穆斯林生活中占据重要的地位。

（二）建筑

中国的清真寺主要有两种建筑风格：一种是阿拉伯式，另一种是中国传统的殿宇式四合院。阿拉伯或中亚式的清真寺：有圆形拱顶的正殿，正殿的前面是尖塔式的宣礼楼或望月楼，供阿訇观月和呼唤礼拜用。此外，还建有经堂、浴室等。这种风格的清真寺建造年代较早，多由大食、波斯等国的伊斯兰教传教士和商人建造，多数集中在新疆或我国东南沿海地区。如广州的怀圣寺、泉州的圣友寺和杭州的真教寺。中国殿宇式四合院清真寺主要集中在内地，多建于元代。受中国传统建筑的影响，此类建筑有明显的中轴线，多为木结构建筑，以礼拜殿为其主体建筑，围绕主体建筑形成四合院式建筑。

礼拜殿是清真寺的主体建筑，建筑上有两大特点：

第一，一律背向麦加方向。

第二，礼拜殿中不设任何偶像。

(三) 我国著名的清真寺

1. 泉州清净寺

也称为"圣友寺"，建于北宋。它是我国现存最古老的典型的阿拉伯式建筑，也是沿海清真寺中规模最大、建筑艺术水平最高的一座清真寺。

2. 广州怀圣寺

又称"光塔寺"，建于南宋。怀圣寺以高36.6米的阿拉伯式宣礼楼——"光塔"而闻名于世。整座建筑恰似一支矗立苍穹的巨大蜡烛，让人叹为观止。

3. 北京牛街清真寺

始建于北宋（996年），由阿拉伯穆斯林所建。清康熙年间进行了大规模的修缮和扩建。现在是北京地区规模最大、历史最悠久的清真寺。现为我国伊斯兰教协会所在地。

4. 西安化觉寺

俗称"东大寺"，是我国现存规模最大、保存最完整的清真寺，属于中国传统的四合院式建筑。

四、基督教

(一) 创立

基督教于公元1世纪由巴勒斯坦拿撒勒人耶稣创立，公元1~2世纪时流行于罗马帝国各族人民中间，是以信仰耶稣基督为核心的各宗教派别的总称。"基督"，源自希腊文，其意为"救世主"，是基督教对其创立者耶稣的专称。基督教是世界三大宗教中流传最广、拥有教徒人数最多的宗教。目前，全世界约有12亿基督徒，遍布世界五大洲150多个国家和地区。目前分为三大派，天主教、东正教、基督教。

基督教认为其创立者——耶稣是上帝派到人间的救世主。相传，耶稣死后第3天复活，并多次向他的门徒显灵。40天后，耶稣应上帝之召返回天国。耶稣受难之日是星期五，被捕前最后的晚餐有耶稣及其门徒共13人，因此，西方人忌讳数字"13"，并将13日与星期五视为凶日。

基督教创立初期，基督徒大多数是贫民和奴隶，长期受到统治阶级的鄙视和罗马帝国的残酷迫害。公元4世纪前后，由于中上层人士的逐步渗透和基督教领导阶层成分的不断变化，基督教教义发生了很大的变化，大致是主张归顺执政者。自此，基督教在统治阶级的大力扶植下迅速发展，很快走向世界，成为世界性的宗教组织。

(二) 基督教的经典、标记和主要节日

1. 经典：《圣经》，由《旧约全书》、《新约全书》两部分组成

2. 标记：十字架

3. 主要节日：复活节和圣诞节

4. 基督教的节日

(1) 圣诞节

圣诞节是基督徒纪念耶稣诞生的重大节日。基督教的重大节日是根据《新约全书》所记载的耶稣生平而定的。《圣经》中对耶稣诞辰的具体日期并无记载，公元336年罗马教会将古罗马太阳神的诞辰日12月25日作为耶稣基督的诞辰。现在，圣诞节是西方国家最隆重和最重要的全民节日。

(2) 复活节

复活节是纪念耶稣复活的节日，在基督教中是仅次于圣诞节的重大节日。传说耶稣在被钉死在十字架上后的第3日复活，所以，这一天人们来纪念耶稣的复活。时间在每年春分月圆后的第一个星期天，约在3月21日至4月25日之间。复活节期间，人们互赠复活彩蛋，象征生命和繁荣昌盛。

(三) 中国基督教的著名教堂

1. 罗马式教堂

罗马式教堂是基督教与罗马古建筑结合的建筑形式。其特点是墙体厚实沉重，常常用拱券式的门窗；半圆屋顶置于建筑中间，门道和小窗均用圆弧形的拱环；装饰上朴实无华。著名的罗马式教堂有意大利比萨大教堂、德国的美因兹主教堂等。中国比较典型的罗马式教堂是建于1914年的天津老西开教堂，现为天津天主教教会中心。

2. 哥特式教堂

尖拱是哥特式教堂最显著的特点。哥特式教堂以其外表直升的线条、巍峨的外观和内部高广的空间，给人一种至高无上的感觉，再加上内部色彩绚丽的玻璃镶嵌壁画，使教堂充满了神秘和庄严的宗教气氛。德国科隆大教堂、法国巴黎圣母院都是哥特式教堂的典型代表。我国现存的哥特式教堂，主要有北京北堂、上海圣三一教堂等。上海圣三一教堂建于1848年，1875年由英国坎特伯雷大主教直接掌管。

3. 巴洛克式教堂

巴洛克式教堂具有浓郁的浪漫主义色彩。运动与变化是巴洛克艺术的灵魂，同时，巴洛克式建筑强调装饰的立体感。建筑部件构形多样，大量采用双柱、三柱或叠柱；屋顶加"涡卷"，檐部常作折断，墙面上有深深的壁龛。梵蒂冈圣彼得大教堂是典型的巴洛克式建筑。

4. 拜占庭式教堂

拜占庭式教堂突出的特点是具有东方风格。最早的拜占庭式教堂是东罗马帝国皇帝在君士坦丁堡（今天的伊斯坦布尔）所修建的圣索菲亚大教堂，其特征是中央顶部带鼓座的"战盔式"穹顶（俗称"洋葱头"）。拜占庭式教堂在分布上具有集中性的特点。其内部金碧辉煌，壁画、镶嵌画处处显示出教会的神秘和权威。英斯科圣心大教堂是拜占庭式教堂的伟大杰作。

五、游览宗教景点的禁忌

千百年来，佛教的传播对中国文化产生了深刻的影响。佛教宣扬的因果报应、种善得善等价值观念更是深入中国人的思想体系。许多游客信佛、拜佛。作为导游人员应该了解佛教的基本知识，并正确引导客人参观寺庙。

（一）佛教建筑及供奉对象

1. 汉传佛教寺庙布局图

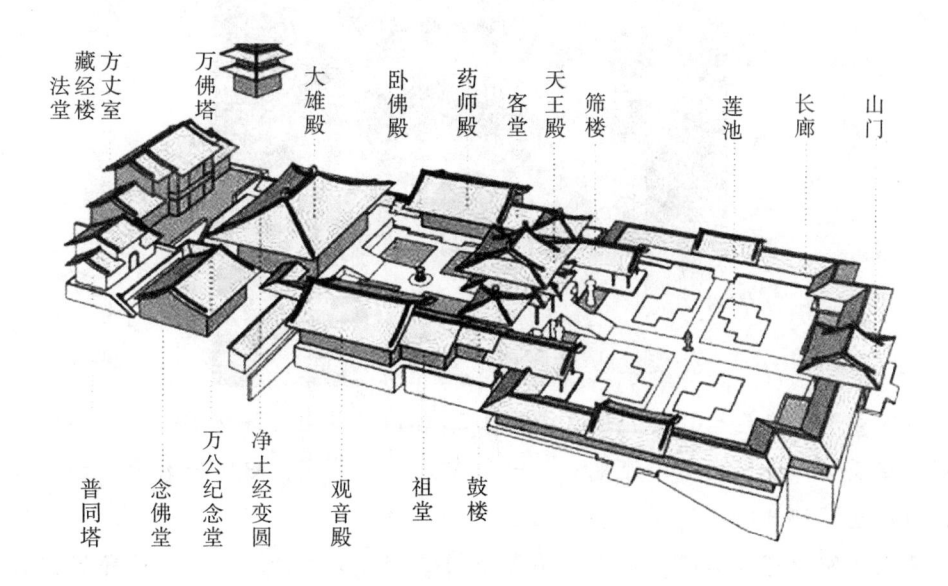

```
                    ┌─────────┐
                    │ 藏经楼  │
                    └─────────┘
                    ┌─────────┐
                    │ 方丈室  │
                    └─────────┘
                    ┌─────────┐
                    │ 法  堂  │
                    └─────────┘
┌────────┐          ┌─────────┐          ┌────────┐
│ 祖师殿 │          │大雄宝殿 │          │ 伽蓝殿 │
└────────┘          └─────────┘          └────────┘
┌────────┐          ┌─────────┐          ┌────────┐
│ 鼓楼   │          │ 天 王 殿│          │ 钟楼   │
└────────┘          └─────────┘          └────────┘
                    ┌─────────┐
                    │ 山  门  │
                    └─────────┘
```

中国古代寺庙的布局大多是从山门殿开始，殿内有两大金刚（哼哈二将），然后再往前，左右两侧分别为钟楼、鼓楼，正面是天王殿，殿内有弥勒佛、四大天王和韦驮塑像，后面依次为大雄宝殿和藏经楼，僧房、斋堂则分列正中路左右两侧。

2. 山门殿

一入寺院，便是三门殿，也称"山门"。山门殿是整座寺院的外门，通常是一个小殿，这是进入寺院的第一道建筑，一般都是三门并立：中间一大门，两旁各一小门，所以也称"三门殿"。

两大金刚（哼哈二将）殿内有两尊金刚像，他们手持金刚杵，是警卫佛的夜叉神，唤作"执金刚"。右边的金刚横目张口是"哈"将，左边的金刚怒颜闭唇是"哼"将。据说佛祖常有500名执金刚侍卫。后来受神魔小说《封神演义》的影响，这两尊像被称为"哼哈二将"。

3. 天王殿

经过山门殿之后，两旁的钟楼、鼓楼和前方的天王殿组成寺庙的第一重院落。天王殿有三类造像：弥勒佛、四大天王、韦驮，一共六尊。

4. 弥勒佛

天王殿正中为袒胸露腹的大肚弥勒佛。弥勒佛是未来佛，他是释迦牟尼的接班人，但要等释迦牟尼寂灭后五十六亿七千万年后才降临人间，正式升为弥勒佛，所以现在其实只是弥勒菩萨。

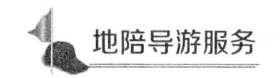

5. 四大天王

弥勒佛两侧有四大天王护卫,他们分别是:东方持国天王、南方增长天王、西方广目天王、北方多闻天王。

东方持国天王:守护国土,是帝释天的主乐神,手中持有琵琶,身白色,护持东胜神州。"持"是保持;"国"是国家。持国天王手上拿的是琵琶(乐器),它也是表示佛法的。儒家讲中庸,佛家讲中道。就像弦一样,你要是太紧了,它就会断掉;太松了,就弹不响了,一定要调得恰到好处。

东方持国天王 　　　　　　　　　　南方增长天王

南方增长天王:手中持剑;身青色,护持南瞻部州,能令他人善根增长,"增长"用现代的话来说就是求进步;增长天王手上拿的是宝剑,代表智慧之剑,能断烦恼。烦恼像丝、像乱麻一样,所以快刀斩乱麻,唯有智慧才能够把所有的烦杂事情统统都解决掉。

西方广目天王:能以净眼观察和护持人民,手中缠绕着一条龙;身红色,护持西牛贺州。手里握的有时候是蛇。龙跟蛇代表变化莫测。

西方广目天王 　　　　　　　　　　北方多闻天王

北方多闻天王：有大福大德，护持人民财富，手中持伞；身绿色，护持北俱泸州。伞是遮盖，要保护自己身心的清净，不被诱惑，不受污染。

6. 韦驮

弥勒佛身后大屏风背面为神将韦驮。韦驮又叫韦琨、韦驮天、韦驮菩萨，为四大天王座下三十二将之首，是佛教护法神。韦驮背对弥勒佛，面向大雄宝殿，降魔伏鬼，保护佛法。

该像为立像，两足平立，十指合掌。韦驮手里的杵的位置很有讲究：如果韦陀杵扛在肩上，表示此寺可以招待云游到此的和尚免费吃住三天；如果平端在手中，表示此寺可以免费吃住一天；如果拄在地上，表示此寺不能招待云游到此的和尚免费吃住。

7. 大雄宝殿

大雄宝殿是寺庙的主体建筑，称作正殿或大殿，也是僧众朝暮集中修持的中央。大雄宝殿中供奉佛祖释迦牟尼佛的佛像。"大雄"是佛的德号。"大"者，是包括万有的意思；"雄"者，是摄伏群魔的意思。由于释迦牟尼佛具足圆觉聪明，能雄镇大千世界，因而佛门生尊称他为"大雄"。

8. 释迦牟尼佛

释迦牟尼佛是佛教教主，在中国也称如来佛。释迦牟尼佛常见的有三种姿势：

其一为成道相，盘腿打坐，左手横放在左脚上，表禅定之意，右手直伸下垂。其二为说法相，左手横放在左脚上，右手向上屈指呈环形。再一种是立像，左手下垂，右手屈臂向上伸。下垂手势表示能满足众生愿望，上伸手势表示能解除众生苦难。

释迦牟尼佛

迦叶尊者和阿难尊者

9. 迦叶尊者和阿难尊者

佛祖两侧，年老的是迦叶尊者，中年的是阿难尊者。在一部分寺庙中，释迦牟尼佛左右两侧塑有比丘立像，都是他的弟子。释迦牟尼涅槃后，迦叶尊者和阿难尊者先后继任，分别称作初祖和二祖。与文殊、普贤不同的是，迦叶和阿难是真实历史中出现过的。

10. 三身佛

有的大雄宝殿中间供奉"三身佛"。"三身"指三种佛身，分别是法身佛"毗卢遮那佛"、报身佛"卢舍那佛"、应身佛"释迦牟尼佛"。这三尊其实都是释迦牟尼佛，是根据大乘教理表示佛的三种不同的"身"。

三身佛

三世佛

11. 三世佛

我国佛教以大乘为主，一般寺院大雄宝殿供奉三世佛，三世佛有"横三世"和"竖三世"两种说法。"横三世"的"世"指三个空间世界，以其同时存在。"横三世佛"，代表东、中、西三方不同世界的佛：中间是释迦牟尼佛，主管中央娑婆世界。两位胁侍菩萨是"大智"文殊菩萨和"大行"普贤菩萨。文殊菩萨右手持智慧剑，左手持的莲花上放置般若经，骑乘狮子，比喻以智慧利剑斩断烦恼，以狮吼威风震慑魔怨。普贤菩萨头戴五佛金冠，身披袈裟，手执如意，神态庄重，坐骑为白象。右边是西方极乐世界的阿弥陀佛，主管西方极乐世界。两位胁侍菩萨是"大悲"观世音菩萨和"大勇"大势至菩萨。左边为东方净琉璃世界的药师佛，主管东方琉璃光世界。两位胁侍菩萨是日光菩萨和月光菩萨。

普贤菩萨

文殊菩萨

观世音菩萨

大势至菩萨

日光菩萨　　　　　　　　　　　　月光菩萨

"竖三世"的"世"指因果轮回迁流不断的个体一生中存在的时间。三世指过去（前世、前生）、现生（现世、现生）、未来（来世、来生）三世。正中供奉为现在佛，即释迦牟尼佛；左侧为过去佛，即燃灯佛，佛经说他生时身边一切光明如灯，亦说释迦未成佛时，燃灯佛曾为他"授记"，预言将来成佛的事；右侧为未来佛，即弥勒佛，佛经讲他将继承释迦的佛位而成佛，所以叫未来佛。

12. 十八罗汉

在大雄宝殿内的两侧，是十八罗汉，每侧各九尊。据说最初是十六罗汉，释迦牟尼佛在涅槃前，嘱咐他们不要涅槃，常住世间为众生培福德，五代之后才出现十八罗汉的说法。

13. 藏经楼

也称藏经阁，是寺院讲经说法和存放佛经的场所，一般不向游客开放。藏经楼内建筑分为讲经堂和藏经室。

14. 地藏殿

供奉地藏菩萨。他的名号来历于"安忍不动犹如大地，静虑深密犹如宝藏"。应化道场为安徽九华山。他左手持宝珠右手执锡杖，或坐或立于莲花上。其坐骑为"谛听"，又称"独角兽"。

15. 伽蓝殿

大殿的东边配殿一般是伽蓝殿，以伽蓝菩萨（关公）形象为代表。

(二) 正确引导客人烧香拜佛

1. 进门

寺庙建筑都有许多道门，从哪一道门进入都有讲究的。据说只有开了光的寺庙才有资格修十三道门。一般寺庙正中间的三道门，才是供人出入的。普通游客，进门只能走右边的那道门，中间那道门叫空门，只有出家人才可以出入的。进门时，女客先迈右脚，男客先迈左脚，都要注意一定不能踩在门槛上，而且这步子需迈得越大越好。

2. 烧香

"香"代表戒、定真香，烧香就是提醒我们，要修学戒、定，从而开显智慧。由戒生定，由定生慧。获取香的过程，不能称作是"买香"，而应该称之为"请香"。自己为自己请的香，为自己烧的香，不能让他人为自己添香火钱，不管多少，所添香火之钱一定要是自己的，这样可以体现出拜佛的诚心。香烧三支是表恭敬佛、法、僧三宝，又表过去、现在、未来三世。一般进到寺院需按寺规上三炷香，拜完要将三炷香按顺序插入香炉。

烧香时，应该是左手拿香，右手拿烛，因为常人用右手杀鸡剖鱼，如果是左撇子的话，则反之。先点燃香，要越旺越好。左手在上，右手在下握住香，高举过头顶作揖。烧香后再叩头。

3. 顶礼（俗语"叩头"）

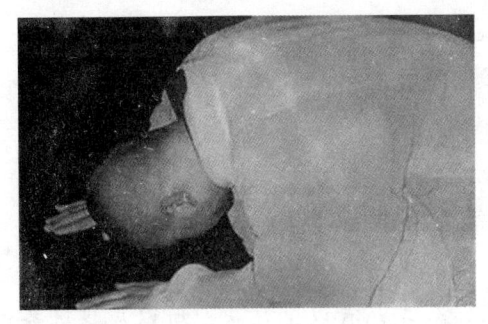

顶礼　　　　　　　　　　　　　开光

"顶礼"，向佛、菩萨或上座行礼。双膝跪下，头顶叩地，舒两掌过额承空，以示头触佛足，恭敬至诚。具体跪拜的姿势为：双膝跪在蒲团上，双手合十，手心处呈空心状，高举过头顶，向下至嘴边停顿，可许愿，再向下至心口，默念，再摊开双掌，掌心向上，上身拜倒。

4. 开光

祈福还有一个仪式叫"开光"，一般由得道高僧来主持。开光的过程是把所有的开光物件放于一托盘，置于佛前，大师念经数篇，即算是佛光普照。民间相信这样的物件因此而赋于灵气与法力，可以随身携带保佑自己。

导游员带领游客进入寺庙或者观瞻具有宗教特色的建筑物时，应要求客人衣着得体，不能过于随意或者暴露；若遇寺庙举办法事或者其他宗教活动，应率领团队静立或悄然离开，不得在旁随意走动或旁若无人地大声喧哗；提醒游客切勿随意触摸宗教标志、佛像、祭祀器物；很多宗教场所不允许拍照。景区景点导游员还应提醒游客尊重当地宗教信仰，不得在宗教场所随意就餐，更不能违反其饮食禁忌。

知识链接七

旅游安全事故的预防及处理

一、旅游常见疾病的防治

1. 晕车、晕船、晕机

晕车、晕船和晕机，医学上统称为运动病。凡是有这些问题的旅行者，旅行前应有足够的睡眠。睡眠充足，精神养好，提高对运动刺激的抗衡能力。乘坐交通工具前半小时口服晕车药或用止痛膏贴于肚脐上。乘坐前不宜过饥或过饱，尤其不能吃高蛋白和高脂食品，否则容易出现恶心、呕吐等症状。在乘坐交通工具时不要紧张，要注意保持精神放松，不要总想着会晕，最好找个人跟你聊天，分散注意力。尽量坐比较平稳的座位，头部适当固定，避免过度摆动，尽量不要看窗外快速移动的景物。同时使交通工具内适当通风，保持空气流通和新鲜。发生晕车、晕机、晕船时，最好静卧休息或尽量将坐椅向后放平，闭目养神。千万不能在车厢内走动，否则会加重症状。

老人在乘坐交通工具时发生头昏、呕吐、恶心、出冷汗等征兆，切勿考虑为晕动症，因为老年人前庭器官功能较迟钝，对运动反应不太敏感，一般不会发生晕动症。同时，心脑血管急症（如心肌梗死、中风）患者也有以上症状，所以应找医务人员处理较妥。

2. 腹泻

要适当地服用药物。黄连素片是预防和治疗腹泻的良药，如果在旅途中感到进食后有胃肠不适，或对饮食店的卫生觉得不尽如人意，或进食的食物不太新鲜，立刻服2~3片黄连素片，能起到预防作用。如果不慎染上急性腹泻，就立刻采取治疗措施。急性腹泻治疗不及时，就会转变成慢性肠炎。慢性肠炎可反复发作，很难彻底治愈，虽不致危及生命，但可伴随终生。

3. 失眠

一般来说，旅游应该使人们精神愉快、增进睡眠，但有些人在旅游中却会出现失眠现象。原因之一是由于初到一地，入睡环境有所改变，再加上温度、湿度的变化，噪声的影响，光感和气味的变化，造成入睡困难，这就是平常所说的"择床"。其次是过度兴奋、疲劳以及慢性病引起的不适影响睡眠。

要克服旅游失眠，首先应保持情绪愉快，尽可能保持平时的饮食、起居、睡眠的时间和习惯。不要过度疲劳和兴奋。每到一处新地方，应尽快地适应当地的气候环境，克服生疏感。如果条件允许而又没有高血压病和肝病，睡前可喝半瓶啤酒或一杯热牛奶以帮助入睡。不要在睡前喝浓茶和咖啡。

如果上述办法无效，可在医生指导下睡前服用一些镇静安眠药，如安定、眠尔通和利眠灵等，也可以吃一些朱砂安神丸、柏子养心丸等中药。总之，旅游失眠不是严重疾病，只要加以注意就会很快克服。

4. 中暑

中暑的主要症状是大汗、口渴、头昏、耳鸣、眼花、胸闷、恶心、呕吐、发烧，严重者会神志不清甚至昏迷。人长时间处在暴晒、高热、高湿的环境中容易中暑，所以盛夏旅游应注意劳逸结合，避免长时间在骄阳下活动。即使在阳光下运动，也要带好帽子、墨镜，做好预防工作。

若中暑，可置于阴凉通风处，平躺，解开衣领，放松裤带；条件允许时可饮用含盐饮料，发烧者要用冷水或酒精擦身散热，服用必要的防暑药物；缓解后让其静坐（卧）休息。严重者做必要治疗后应立即送医院。

5. 毒蛇咬伤

如果游客不慎被蛇咬伤，首先应判断是否为毒蛇所咬，若无牙痕或成排的细牙痕，则为无毒蛇咬伤，只需要对伤口清洗、止血、包扎，有条件再送医院注射破伤风针即可。若伤口上有较大而深的牙痕，则为毒蛇咬伤，咬后10~20分钟后，其症状才会逐渐呈现。

被毒蛇咬伤，应当注意：①保持冷静，千万不可让患者紧张乱跑奔走求救，这样可加速毒液散布。尽可能识别咬人的蛇的特征，不可让伤者使用酒、浓茶、咖啡等兴奋性饮料。②立即绑扎。在咬伤处上方5~10厘米处用一条带子绑住，缓解毒素扩散，但不要切断血液循环。③用清水或肥皂水清洗伤处或用消毒过的刀片在毒牙痕处切一道深约半厘米的切口，切口方向应与肢体纵向平行，然后用嘴将毒液吸出（注意：口腔内有伤口者不能吮毒液）。④服用解蛇毒药片（如南通季德胜蛇药片），或将解蛇毒药片调成糊状抹在伤口周围。⑤迅速送到附近的医院求诊。

6. 蜂蜇伤

在旅途中如被蜂蜇伤，应引起重视。假如蜂毒进入血管，会发生过敏性休克，甚至死亡。遇到被蜂蜇伤，应当设法将毒刺拔出，用口或吸管吸出毒汁，然后用肥皂水清洗伤口。若识中草药，可用大青叶、薄荷叶、两面针等捣烂外敷。严重者要送医院急救。

注意事项有：①被毒蜂蜇伤后，往患处涂氨水基本无效，因为蜂毒的组织胺用氨水是中和不了的。②黄蜂有毒，但蜜蜂没有毒。被蜜蜂蜇伤后，也要先别出断刺。在处置上与黄蜂不同的是可在伤口处涂些氨水、小苏打或肥皂水。

7. 骨折

发生骨折，需及时送医院救治。但在现场，应做力所能及的初步处理：

（1）止血。止血的常用方法有：手压法，即用手指、手掌、拳在伤口靠近心脏一侧压迫血管止血；加压包扎法，即在创伤处放厚敷料，用绷带加压包扎；止血带法，即用弹性止血带绑在伤口近心脏的大血管上止血。

（2）包扎。包扎前要清洗伤口，包扎时动作要轻柔，松紧要适度，绷带的接口不要在创伤处。

（3）上夹板。就地取材上夹板，以求固定两端关节，避免转动骨折肢体。

8. 心脏病猝发

心脏病猝发，切忌将患者抬或背着去医院，而应让其就地平躺，头略高，由患者亲属或同行者找备用药物，让其服下；同时，应至附近医院找医生前来救治。

(二) 天灾知识

1. 泥石流

泥石流的爆发历时短、成灾快、预测难度极大，而且洪水夹带着沙石，给多数途经之处造成毁灭性的灾害。遇到泥石流发生时应采取的紧急措施有：

(1) 迅速组织游客离开危险地段。躲避时应带领游客向山坡两边坚固的高地或连片的石块快跑，不要在山坡下的房屋、电线杆、池塘、河边等地停留。

(2) 要尽量沿着与泥石流流向垂直的方向逃离现场，切勿与泥石流同向奔跑。

(3) 不要在土质松软、坡体不稳定的斜坡停留，实在来不及可上大树躲避。

(4) 组织游客躲避、快跑前要提醒游客先扔掉一切影响速度的物品。

2. 台风

台风是一种综合性天气现象，不但有强大的风暴，还夹带着暴雨。台风是有规律的，甚至每年的行进路线都差不多，所以带团旅游时，导游一定要听天气预报，尽量躲开台风行进路线。

(1) 如果所带的团正在野外旅游，听到台风预报后，如能离开台风经过地区的要尽早离开。

(2) 在海边和低洼地区旅游时，应尽可能到远离海岸的坚固的饭店或台风庇护站躲避。

(3) 如果台风发作时旅游团正在旅行车内，导游应马上提醒司机将车开到地下停车场或隐藏处。

(4) 如果导游和游客正在帐篷里，应马上收起帐篷到坚固的房屋中避风；在坚固的房子里应关紧窗户，如有条件，在玻璃上应用胶布条贴成米字形，以防玻璃破碎。

(5) 台风期间，尽量不要外出行走。若要外出，要穿轻便防水的鞋子和颜色鲜艳、紧身合体的衣裤，用带子扎紧以减少阻力；要穿雨衣、戴雨帽或头盔。在外行走时应弯腰将身体重心尽量放低。

(6) 台风过后不久，不要马上离开房间或藏身处。因台风的"风眼"在上空掠过后，往往平静不到一个小时，风又会从相反的方向再度横扫过来。

3. 龙卷风

(1) 躲避龙卷风最安全的地方是地下室、半地下室的掩藏处或坚固房屋的小房间。千万不可在临时搭建的野外木屋或帐篷里藏身。

(2) 如果是住在普通民宅里，应迅速撤离；撤离时最好沿与龙卷风移动方向垂直或相反方向快跑，尽量藏于低洼地区。

(3) 如果周围没有屏障，迅速平伏在地面，注意保护好自己的头部并防止水淹。

（4）如正在旅游车内，要立即停车，迅速组织游客躲到离旅游车较远的低洼处。因为龙卷风可能会把车掀上半空，而且由于车内外强烈的气压差，容易引发汽车爆炸。

（5）如果来不及跑出室外，要立即关紧面朝龙卷风刮来方向的所有门窗，而另一侧的门窗要全部打开，这样可以防止龙卷风刮进屋内，掀起屋顶，还可以使屋内外的气压得以平衡，防止房屋爆炸。

（6）关紧和打开窗户后，要迅速到门窗全部打开一侧的房间并采取面向墙壁抱头蹲下的姿势躲避。

4. 雷电

雷电发生时，如果还在户外，要注意：

（1）不宜在山顶、建筑物顶部、孤立的大树下或烟囱下停留。

（2）不宜在铁栅栏、金属晒衣绳、架空金属体以及铁路轨道附近停留。

（3）不宜在室外游泳、开摩托车、骑自行车。

（4）在空旷场地不宜打伞，不宜把金属工具、羽毛球拍等扛在肩上。

（5）应迅速躲入有防雷设施保护的建筑物内或有金属顶的各种车辆内，如不具备以上条件，应立即双膝下蹲，向前弯曲，双手抱膝。

5. 地震

（1）震时就近躲避，震后迅速撤离到安全地方，是应急避震较好的办法。

（2）如果在室内，应选择室内结实、能掩护身体的物体下，身体蹲下或坐下，尽量蜷曲，以降低身体的重心。

（3）如果在室外，要尽量远离高大建筑物、狭窄街道，特别是玻璃幕墙建筑和高架桥等危险场所，应选择室外开阔安全的地方。

（4）如果在行驶的汽车内，应抓牢扶手，以免摔伤或碰伤，等地震过去后再下车。

（5）无论在何处躲避，如有可能都要尽量用棉被、枕头或其他软物体保护好头部。不要随便点明火，因为空气中可能有易燃易爆气体。

6. 海啸

（1）地震海啸发生的最早信号是地面强烈震动，地震波与海啸的到达有一个时间差，正好有利于人们预防。

（2）在海边时，如发现潮汐突然反常涨落，海平面显著下降或者有巨浪袭来，都应快速撤离岸边。

（3）海啸前海水异常退去时往往会把鱼虾等许多海生动物留在浅滩，场面蔚为壮观。此时千万不要去捡鱼或看热闹，应当迅速离开海岸，向陆地高处转移。

（4）海啸发生时，航行在海上的船只不可以回港或靠岸，应该马上驶向深海区，深海区相对于海岸更为安全。

(5) 如果收到海啸警报，没有感觉到震动也需要立即离开海岸，快速到高地等安全处避难，在没有解除警报前，勿靠近海岸。

(三) 旅游保险知识

旅游保险并不是一种险种，它是与旅行游览活动密切相关的各种保险项目的统称。根据不同的标准，可分为国内旅游保险和涉外旅游保险，旅游人身保险和旅游财产保险，强制保险和自愿保险等。目前旅游保险主要有下列几种：

1. 旅行社责任险

随着我国旅游业的发展，2001年5月15日国家旅游局发布了《旅行社投保旅行社责任保险规定》，自2001年9月1日起施行。这种在全国强制性实施的旅行社责任保险，为旅行社防范经营风险提供有利的条件。

从事旅游业务经营活动的所有旅行社，不得再强制为游客购买"旅游人身意外险"，改由游客自愿购买。旅行社责任保险，是指旅行社根据保险合同的约定，向保险公司支付保险费，保险公司对旅行社在从事旅游业务经营活动中，致使游客人身、财产遭受损害应由旅行社承担的责任，承担赔偿保险金责任的行为。旅行社责任保险的投保范围包括：游客人身伤亡赔偿责任；游客因治疗支出的交通、医药费赔偿责任；游客死亡处理和遗体遣返费用赔偿责任；对游客必要的施救费用，包括必要时近亲属探望需支出的合理的交通、食宿费用，随行未成年人的送返费用，旅行社人员和医护人员前往处理的交通、食宿费用，行程延迟需支出的合理费用等赔偿责任；游客行李物品的丢失、损坏或被盗所引起的赔偿责任；由于旅行社责任争议引起的诉讼费用；旅行社与保险公司约定的其他赔偿责任。

旅行社投保责任险的金额不得低于：国内旅游每人责任赔偿限额为8万元、出境旅游每人责任赔偿限额16万元；国内旅行社每次事故和每年累计责任赔偿限额人民币200万元，国际旅行社每次事故和每年累计责任赔偿限额人民币400万元。

2. 其他险

(1) 旅游救助保险。中国人寿、中国太平洋保险公司与国际 (SOS) 救援中心联手推出的旅游救助保险种，将原先的旅游人身意外保险的服务扩大，将传统保险公司的一般事后理赔向前延伸，变为事故发生时提供及时的有效的救助。

(2) 旅游求援保险。这种保险对于出国旅游十分合适。有了它的保障，游客一旦发生意外事故或者由于不谙当地习俗法规引起了法律纠纷，只要拨打电话，就会获得无偿的救助。

(3) 旅客意外伤害保险。旅客在购买车票、船票时，实际上就已经投了该险，其保费是按照票价的5%计算的，每份保险的保险金额为人民币2万元，其中意外事故医疗金1万元。

保险期从检票进站或中途上车上船起,至检票出站或中途下车下船止,在保险有效期内因意外事故导致旅客死亡、残废或丧失身体机能的,保险公司除按规定付医疗费外,还要向伤者或死者家属支付全数、半数或部分保险金额。

(4) 旅游人身意外伤害保险。现在多数保险公司都已开设这种险种,每份保险费为1元,保险金额1万元,一次最多投保10份。该保险比较适合探险游、生态游、惊险游等。

知识链接八

导游语言要求

俗话说:"舞蹈演员靠双腿,导游靠张嘴。"语言是导游最重要的基本功之一,堪称是旅游的第二道风景。导游讲解使大好河山由"静态"变为动态,使沉睡了百年的文物古迹死而复活,使优雅的传统工艺品栩栩如生,从而使游客感到旅游活动妙趣横生,留下经久难忘的深刻印象。

一、口头语言的表达

"祖国山河美不美,全凭导游一张嘴。"从导游讲解的性质看,导游语言是一种艺术语言,讲究音调的高低强弱、语气的起承转合、自然流畅以及节奏的抑扬顿挫。为了充分发挥语言艺术的作用,要求导游努力地把导游语言的音、调和节奏运用得恰到好处,根据讲解对象的具体情况灵活运用,以达到导游讲解的动听、感人。

1. 音量控制

音量是指一个人讲话时声音的强弱程度。导游在进行导游讲解时要注意控制自己的音量,力求做到音量大小适度。一般来说,导游音量的大小应以每位游客都能听清为准。在游览过程中,音量大小往往受到游客人数、讲解内容和所处环境的影响,导游应根据具体情况适当进行调节。当游客人数较多时,导游应适当调高音量,反之则应调低音量;在室外嘈杂的环境中讲解,导游的音量应适当放大,而在室内宁静的环境中则应适当放小;对于导游讲解中的一些重要内容、关键性词语或需特别强调的信息,如"我们将于8:50出发",导游要加大音量,以提醒游客注意,加深游客的印象。

2. 语调变化

语调是指一个人讲话的腔调,即讲话时语音的高低起伏和升降变化。每一句话都有一定的语调,不同的语调表达不同的语气和感情。语调平平的讲解,听起来缺乏生气,味同嚼蜡。因此,导游讲解时要讲究语调变化,使自己的讲解语调听起来较悦耳动听、亲切自然，从而打动游客的心弦。导游讲解经常使用的语调有升调、降调和直调三种。从语气上来说，通常陈述句多用降调，如"各位朋友远道而来一定很累吧！"；疑问句多用升调，如"今晚的节目怎么样？"从感情上来说，一般表示兴奋、惊讶的句子多用升调，如"你看，这儿的景色多美啊！"；表示肯定、伤感的句子多用降调，如"下午两点我们游览灵隐寺。"；表示庄严、平静的句子则多用直调，如"今天天气晴朗。"

3. 语速快慢

语速是指一个人讲话速度的快慢程度。导游如果像背书似的，毫无感情色彩地用同一种语速一直往下讲，则使人感到乏味、枯燥，令人游兴大减。因此，导游讲解应善于根据讲解的内容、游客的理解能力及反应等来控制讲解速度。一般情况下，导游讲解较为理想的语速为每分钟200字左右，当然，可根据具体的讲解对象和内容进行适当调整。例如，对中青年游客，导游讲解的速度可稍快些；而对老年游客则要适当放慢，以他们听得清为准。对讲解中涉及的重要或需特别强调的内容，语速可适当放慢一些，以加深游客的印象；而对那些不太重要或众所周知的事情，则要适当加快讲解速度，以免浪费时间，令游客不快。

4. 停顿处理

停顿是说话时语音的暂时间歇。有时为了营造气氛的需要，或者为了更准确地表达思想感情，导游讲解需要适时加以停顿。如果导游一直滔滔不绝、口若悬河地说个不停，不但无法集中游客的注意力，而且会使讲解变成催眠曲；反之，如果导游说话吞吞吐吐或停顿在不该停顿的地方，不仅会涣散游客的注意力，而且容易使人产生语言上的歧义。因此，这里所说的停顿，是指语句之间、层次之间、段落之间的间歇。据专家统计，最容易使听众听懂的谈话，其停顿时间的总量约占全部谈话时间的35%~40%。导游讲解时停顿恰当，可以使语言变得流畅而有节奏，收到"大珠小珠落玉盘"的效果。

二、体态语言的运用

体态语言是一种以人的表情、动作、姿态等来传递信息、表达感情的语言。导游讲解并不是单靠动口就可以圆满完成的，必须用体态语言来辅助讲解。如果把眼神、站姿、手势、表情等处理得恰到好处，就会增加讲解的效果和魅力。凡是不注意游客视觉反应，完全凭自己的口才来进行导游讲解，是不会成功的。

1. 表情语运用

表情语是指通过人的眉、眼、耳、鼻、口及面部肌肉运动来表达情感和传递信息的一种体态语言。讲解时的面部整体表情有助于讲解内容的情感表达。美国心理学家艾伯特·梅拉比安在一系列研究的基础上得出了这样一个公式：信息的总效果=

7%言词+38%语调+55%面部表情，由此可见面部表情在导游讲解中有着十分重要的作用和地位。在导游过程中，导游的面部表情应给人一种平和、松弛、自然的感觉，做到表里如一，面部表情与口语表达的感情同步，有分寸感，使游客产生亲切感。下文对导游工作中较为重要的目光语和微笑语加以补充说明。

(1) 目光语。目光语是通过人与人之间的视线接触来传递信息的一种态势语言。导游讲解是导游与游客之间的一种面对面的互动。游客往往可以从导游的一个微笑、一种眼神或一个手势中加强对讲解内容的理解。德国的哈拉尔德·巴特尔在其《合格导游》一书中阐述道："导游的目光应该是开诚布公的、对人表示关切的，是一种从中可以看出谅解和诚意的目光，这种目光表明交谈者愿意理解对方的愿望。……从谈话伙伴的表情和姿态中，我们可以了解更多的东西，甚至比从语言中了解的还要多。"

在导游过程中，导游目光注视的方式以正视和环视为宜。与个别游客交谈时，用正视表示庄重和尊重；在为团队致辞或讲解时，要用环视和正视的方式。导游不能仰视"看天"，显得目中无人和高傲；也不能俯视"看地"，这是自信心不足的表现，容易使游客对导游产生"心里没底，是个新手"的怀疑；在饭店、车厢等室内场合，导游的目光不要长时间停留在个别或少数游客身上，也不要背对游客，而要照顾到前后左右的游客，以免个别游客产生被冷落的感觉。导游连续注视游客的时间一般应在1~2秒钟以内，视线停留在对方双眼和嘴唇之间，这种注视有利于传递友好、礼貌的信息。

(2) 微笑语。微笑服务是导游最基本的礼仪要求。微笑是通过不出声的笑，即略带笑容所传递的信息，被称为"世界通用语"。微笑能迅速有效地缩短游客与导游的心理距离，消除彼此间的陌生感；微笑能帮助导游克服困难，说服游客接受导游的正确意见，化解不愉快的气氛。发自内心的微笑是一个导游亲和力的重要体现，是塑造导游良好形象不可缺少的手段。哈拉尔德·巴特尔在《合格导游》中又提到："在最困难的局面中，一种有分寸的微笑，再配上镇静和适度的举止，对于贯彻自己的主张、争取他人合作会起到不可估量的作用。"在导游过程中，导游要保持微笑的状态，让游客感受到导游对本次带团工作的期待以及圆满完成工作的信心。当然，导游微笑时也要考虑不同游客的心理需要，当面对游客遭遇不幸时，切忌任何形式的笑。

2. 姿态语运用

姿态语是以身体姿态的静态或动态来传递信息和表现气质的一种体态语言，包括站姿、坐姿和走姿。

站姿能显示导游的风度。一般来说，导游讲解时，身体要端正、挺胸，双脚分开与肩同宽，将身体重心放在双脚，双臂自然下垂，或双手相握置于身前，以表示谦恭、彬彬有礼，或双手交叉放于身后，传达一种自信和轻松。如果是在旅游车内站立讲解，导游可微靠靠背、手扶护栏，以保持身体的平衡，但要注意保持上身正直、精神饱满，不可心不在焉。实地导游时，一般不宜边走边讲。讲解时应停止行走，面对游客，上身平稳。切记不可摇摇摆摆、焦躁不安、直立不动，或把手插在裤兜里，也应避免双手叉于腰间或双臂抱于胸前。

导游的坐姿要给游客一种温文尔雅的感觉，以表示对游客的尊重。坐时上身要自然挺直，男性要微微分开双腿，能显示其豁达、稳重；女性一般双腿并拢，可显示其庄重、矜持。坐七扭八或跷起二郎腿是坐姿的大忌，是粗俗无礼的表现。

导游的走姿要轻巧、稳重、自然、大方，走路时保持上身的自然挺拔，立腰收腹，身体的重心随着步伐前移，脚步要从容轻快、干净利落，目光要平稳，用眼睛的余光观察游客是否跟上。

3. 手势语运用

讲解时的手势，不仅能强调或解释讲解的内容，而且能生动地表达口头语言所无法表达的内容，使导游讲解更加生动形象，使游客对讲解内容的印象更加深刻。导游讲解中的手势主要有表达导游讲解情感的情意手势、指示具体对象的指示手势和模拟物体或景物形状的象形手势三种类型。

"请大家顺我手指的方向看，前面的这座高塔就是……"导游提醒游客朝自己所指的方向看时，用的就是指示手势。在导游讲解中，指示手势会经常使用。需要注意的是，导游在使用指示手势时，最好是整个手掌平展，手心朝上或朝向侧面伸出去，不要只伸出一根食指。这样的手势既平和又体面，导游在导游过程中要注意运用。

导游讲解时，在什么情况下用何手势，都应视讲解的内容而定。一般情况下，手势不在多，在于简练和表现力。手势要以表达内容的需要和游客的心理需要为根据；手势的幅度与大小要根据场合的大小与游客的多少来决定；手势要与伴随的眼神、表情、姿态相互协调，追求和谐自然的整体效果。

导游要格外注意，用食指指点对方表示谴责和不尊，向对方挥动拳头表示愤怒，这类手势语在导游工作中是绝对忌讳的。在清点人数时，用手指点人头也是对游客的不敬，会引起游客的反感。

三、导游语言的运用原则

1. 针对性原则

游客因国籍、民族、年龄、性别、职业、受教育程度、社会阅历、生活习惯、宗教信仰、文化背景等方面因素，有着不同的心理特征，这就要求导游根据不同游客的具体情况，对导游讲解服务进行调整，为游客提供高质量的针对性服务，而那种以一成不变的导游词面对不同游客的方法是行不通的。例如，带领建筑行业的旅游团参观北京故宫和天坛等古建筑时，导游应多讲我国古建筑的特色、风格和设计方面的独到之处；如果是带领非建筑专业领域的游客参观这些地方，应该将重点转移到讲述封建帝王的宫廷轶事和民间有关的传说。

因此，导游在接到带团计划后，应认真分析服务对象，收集游客的家乡或职业等相关的资料，准备游览线路中游客感兴趣且有能力接受的讲解内容，为针对性导游服务做好准备。游览过程中，导游更要善于察言观色，注意游客的动作、表情和言谈细节，以此调节讲解的内容和进度。

2. 计划性原则

游客赴外地旅游，一般逗留的时间都是有限的，而在某一城市或某一参观游览地的时间更短暂。如何使他们在有限的时间里得到满足，达到预期目的，全靠导游周密地、科学地安排旅游计划和导游讲解。如果导游不懂得充分利用时间，在特定的地点不合理地安排讲解内容，毫无计划、临时应付、即兴发挥，游客就会游兴全无、大失所望，就不能收到良好的导游效果。

导游在实际工作中，应根据接待计划、旅游团的线路安排及游客的组成等因素，做好接待的讲解计划。在讲解时，导游因考虑到时空条件，预先科学地做出安排，做到有张有弛、主次分明、动和静结合、导和游配合，做到讲解得详细而不使人感到时间冗长，讲解得简要而不使人感到短促。

3. 灵活性原则

导游讲解要因人而异、因事制宜、因地制宜。游客的审美情趣各不相同，不同景点的美学特征千差万别，而即使同一个景点，天气也阴晴不定，游客的情绪也随时变化。因此，导游必须根据季节的变化，时间、对象的不同，灵活地选择相关知识，采用切合实际的方式进行导游讲解，切忌千篇一律、墨守成规。

4. 生动性原则

生动形象、幽默诙谐是导游语言美之所在，是导游语言的艺术性和趣味性的具体体现。导游要实现讲解的生动性，不仅要考虑讲解的内容，也要考虑表达方式，做到神态表情、手势动作、语调语速与讲解内容的和谐一致。导游的语言表达如果是平淡无奇、单调呆板甚至是生硬的，必然使游客兴趣索然，在心理上产生不耐烦或厌恶的情绪；而生动形象、妙趣横生、发人深省的导游讲解才能起到引人入胜、情景交融、活跃气氛的作用。

为了增加讲解的生动性和趣味性，导游可以适当地运用一些修辞，如对比、夸张、比喻、拟人、借代、映衬等美化自己的语言。只有美化了的话语，才能把故事传说、名人轶事、自然景观等讲得有声有色、活灵活现，使游客更深刻地理解导游

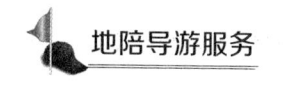

所讲解的内容，获得美的享受。

四、避免不良的口语

1. 含糊不清

导游必须对讲解的内容胸有成竹，讲解时才能有条不紊，用语贴切；相反，如果对事物的理解不准确，说起话来就含糊不清，容易使人产生误解。有的导游由于不熟悉讲解内容，缺乏自信心，讲解时常用一些"大概"、"可能"、"好像"之类的模糊语言，使游客很不满意。对游客来说，导游既是知识的传播者，又是难题的解答者，他们希望得到的是肯定的、明确的解答，而不是模棱两可的应付性的话语。导游对自己不熟悉、不了解的内容，千万不要自以为是、不懂装懂。

例如：有位导游员把"辣爆天鹅蛋"这一菜肴中的"天鹅蛋"说成是"天鹅的蛋"，南方游客以为是野禽的蛋类。当这一菜肴上桌后，游客才发现是"一种海鲜的肉"，便连连质问服务员，为什么他们点的是天鹅的蛋，却给他们上来一盘海鲜。由于导游把"天鹅蛋"解释得含糊不清，使游客产生了误解，如果把"天鹅蛋"解释成"一种贝壳类的海鲜"，其意思就明确些。

2. 啰唆重复

导游的讲解应该内容紧凑、简洁明快。有的导游在讲解时，生怕游客不理解，反反复复、颠来倒去地解释、说明，尽管其动机是好的，但啰唆的语言往往会耗尽听者的耐心。还有的导游想用一些哗众取宠的话来吸引人，讲解时，故意用一些琐碎的话作铺垫，用不必要的旁征博引来东拉西扯，结果不是言不达意，就是离题太远，使人感到啰唆。

3. 晦涩难懂

晦涩难懂，也就是口头语言书面化。口语与书面语不尽相同，口语讲求简洁，而书面语则讲求辞藻。如果导游在讲解时，机械地背诵导游词，特意用修饰语、倒装句、专用术语或用晦涩冷僻的词语，游客不仅听不进去，而且无法消化。

4. 口头禅

有的导游由于紧张、对讲解的内容不熟悉或思维不敏捷，导致思维跟不上语言，大脑出现空白，就不自觉地重复一些字眼，即口头禅。讲解时，导游如果不分场合、无休止地使用平时的口头禅，如"这个这个"、"嗯"、"基本上"等，会妨碍讲解内容的连贯性，使人听起来着急、不安，影响游客对真实内容的了解，也影响游客的好心。

任务五　用餐服务

任务目标

1. 能根据就餐标准与餐厅协调就餐事宜。
2. 能通过查阅资料，了解烟台饮食文化。
3. 能通过查阅资料，掌握胶东菜的基本特色及常见菜品。
4. 能通过查阅资料，了解烟台的家常菜馆。
5. 能满足客人就餐的个别需求。
6. 能主动获取有效信息，展示活动成果，对学习与工作进行总结反思，能与他人合作，与相关服务单位进行有效沟通。

课时安排

4课时

任务描述

西安旅游团中有两名素食者。在烟台旅游期间，团队用餐安排三次早餐、四次正餐。其中，10月3日的中餐是烟台的风味餐。作为地陪，你应如何做好用餐服务工作。

任务分析

用餐服务是整个旅游接待中的重要环节。地陪应认真细致地做好团队用餐服务工作，力争使团队吃饱、吃好、吃出味道，同时也品出服务的真情实意。

任务实施

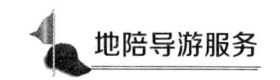

根据班级人数，将学生分为4~6人一组。以小组为单位认真阅读任务描述，获取信息，进行分析，完成客人就餐的工作任务。

一、提供团队正餐的服务

团队餐指的是旅行社按照旅游协议规定的标准，在定点用餐店为旅游团队预订的正餐（中、晚餐）。其用餐形式通常分为桌餐和自助餐两种。

1. 提前落实相关事宜

地陪要提前落实本团当天的用餐，对中晚餐的用餐地点、时间、人数、标准、形式、特殊要求要逐一核实并确认。特别是在旅游旺季，在落实用餐后距离用餐前1~2小时还要再次确认。

2. 引导游客进入餐厅就座

地陪应事先了解团队用餐的位置，然后带领游客就座，切不可带着游客满场绕。当游客就座后，应督促餐厅服务人员迅速上茶水，告诉游客洗手间的位置，提示餐厅提供服务。地陪要告知游客用餐标准是否含酒水以及酒水的范围，不可含糊其辞，以免带来不必要的麻烦。

3. 餐中服务

地陪一般不与游客同桌吃饭（有专门的司陪餐）。用餐过程中，地陪要等上了2~3道菜后方可离开，中途还要巡视旅游团的用餐情况1~2次，解答游客在用餐中提出的问题，监督、检查餐厅是否按标准提供服务并解决出现的问题。当菜全部上齐后，地陪应合理掌握时间，留给游客充裕的饭后放松时间，然后按照规定的时间集合上车。在游客用餐结束之前，地陪应提前结束自己的用餐。

游客在用餐时有可能提出加菜或加酒水，个别游客还可能以不习惯中餐或各地饮食为由，要求更换主食，如北方人到南方旅游，用餐时希望下碗面条、煮些水饺、来碟泡菜等。地陪应热心地请餐厅给予满足。但如果餐厅需另行收费，地陪应向游客说明：凡团队用餐标准之外的费用，请游客自理。

4. 餐后结账

用餐后，地陪应严格按照实际用餐人数、标准、饮用酒水数量，如实填写餐饮结算单或用银行卡、现金与餐厅结账。

二、提供团队风味餐的服务

风味餐是指各地具有地方特色的饮食，其选料、加工及制作能够体现某个地区独到的风格特点。风味餐作为当地的一种特色餐食、美食,是当地传统文化的组成部分,宣传介绍风味餐是弘扬民族饮食文化的活动。本任务中,地陪除了要向游客介绍风味餐的特色、吃法之外,还应该把与当地风味有关的历史典故、风俗民情介绍给游客,以突出其菜肴中所包含的文化内涵。例如:

各位西安的游客朋友们:

大家好!中国八大菜系中鲁菜分为两大发祥地,一是济南菜,另外就是福山菜。烟台素有"烹饪之乡"之称,烹饪历史悠久,源远流长,春秋战国时期就有文字记载,是福山菜的发源地。悠久的饮食文化,培育了一代又一代技术精湛的烹饪人才,创制出许多脍炙人口的名菜佳肴。丰富、新鲜、名贵、味美是烟台烹饪的原料特点;注重火候、爆、扒、溜、烧、炒、蒸、煮、拔丝等是烟台烹饪的突出烹调方法;善烹海味,特别是小海味菜肴的制作是烟台厨师的拿手技法;以咸鲜口为主,清鲜、脆嫩、原汁原味是烟台菜肴的一大特色。

著名传统菜品主要有碧绿羊排、韭菜海肠、红烧藕丸等,不但具有鲁菜的传统风味,而且体现出烟台的地方特色。用海肠子配以头刀韭菜制作的"韭菜海肠"是烟台名菜。

据传,秦始皇东巡,非常喜欢吃海鱼,但他爱吃鱼却不会吐刺,因他被鱼刺卡着而不知杀掉多少厨师。这次路经福山,叫福山厨师烹制海鱼给他吃。福山厨师知道大祸临头,就将鱼放到案板上,用刀使劲拍打,嘴里嚷着:"就叫你送了我的命"。可拍打过后,发现鱼肉和鱼刺分离,于是将鱼肉制成丸子,放到锅里煮熟,送给秦始皇吃,秦始皇吃着又鲜又嫩又无刺的鱼丸子,龙颜大悦,称福山厨师有技术,从此氽"鱼丸子"这道菜便在胶东流传开来。

后来,福山有个财主非常喜欢吃鱼丸子,几乎达到每顿必吃的地步。这天厨师手被割破,不能用手挤丸子,于是他就用汤匙一个个挖着放入锅里,结果氽出的丸子两头尖、中间粗,酷似银元宝。财主问厨师这叫什么菜,厨师见其形灵机一动,脱口而出叫"氽鱼福",财主非常高兴,大奖了厨师。此菜后来被发展用"扒"的烹调方法来作,这就是被称为山东名菜的"扒鱼福"。

在用计划外风味餐时,作为地陪,不是游客出面邀请可不参加;受到游客邀请一起用餐时,则要处理好主宾关系,不能反客为主。

三、特殊情况的应对

1. 为特殊口味者服务

俗话说:"萝卜青菜各有所爱。"每个人的口味都不尽相同。在安排餐饮时,地陪一定要格外留意在饮食上有特殊要求的游客。由于宗教信仰或生活习惯的原因,有部分游客是素食者。地陪应提前通知餐厅本团素食者的确切人数,并在用餐时将其另外安排一处。在上菜和进餐过程中，一定要注意给素食者上菜的速度及数量，照顾素食者的就餐情况，不要让他们感到受冷落。其他如糖尿病病人吃低糖食物，某些游客忌吃辣椒、葱姜蒜等，地陪也一定要向餐厅服务人员予以说明。

2. 特殊时段就餐服务

在带团过程中，地陪应尽量按时就餐，这样既照顾了游客的情绪，又兼顾了餐馆的工作安排。如果确实要提早或推迟就餐，一定要提前向游客解释清楚，同时要提早向餐厅予以特别说明。

如果送早班机需提早就餐，一定要在前一天下午 5:30 之前，向餐厅予以说明，要求餐饮部提供便携式早餐。如果接晚班机需拖延就餐，一定要及时与餐厅联系，务必通知餐厅等待。

3. 旅游旺季团餐服务

在旅游旺季时游客拥挤的情况下，安排团餐一定要适时而定、灵活多变。如果带团到一家定点餐馆，恰遇人满为患，即使提前预订也要排队等候。这时，地陪要当机立断，立即与其他餐馆联系订餐，以避免就餐拥挤现象的发生。如果由于进餐人数太多，导致饭菜质量下降或者上菜等待时间过长，地陪有权找定点餐馆的负责人要求加菜作适当补偿。如果要求合理，一般都可以得到满足。

任务评价

表 5-1　地陪用餐服务评价表

第＿＿＿＿组　　组长＿＿＿＿＿			
内　　容	分值/分	自我评价	小组评价
提供团队的正餐服务　提前落实相关事宜	10		
提供团队的正餐服务　引导游客进入餐厅就座	10		
提供团队的正餐服务　餐中服务	10		
提供团队的正餐服务　餐后服务	10		
提供团队风味餐的服务　介绍风味餐的特色、吃法	30		
特殊情况的应对　为特殊口味者服务	10		
特殊情况的应对　特殊时段就餐服务	10		
特殊情况的应对　旅游旺季团餐服务	10		
总评（星级）			
建　　议			

购物服务基本要求：
　1. 团队餐服务提供细致周到。
　2. 风味餐服务提供热情。
　3. 特殊情况应对灵活。
星级评定：
　★（59 分及以下）　　★★（60~69 分）　　★★★（70~79 分）
　★★★★（80~89 分）　　★★★★★（90 分及以上）

任务拓展

案例分析

　　一批来自我国台湾地区的游客共 22 人成团来游览丝绸之路。按照计划，游客应于途中在××招待所用午餐，大家于 12:30 准时按预定时间到达餐厅。服务员们热情地招待游客，不久，热菜热饭就上来了。但是当上到三个菜之后，地陪小肖发现，怎么十多分钟一道菜也不上来呢？经了解原来是这个招待所突然来了领导，厨师们现在正为领导做菜。这突然的情况让台湾的游客看不过去了。他们认为，领导有什么特权啊？凡事应该讲个先来后到吧！在大家的争论声中，旅游团的游客对在单间内用餐的领导喊："如果我们团的五个菜再不上来，领导你也别吃饭了！"在里面用餐的领导，不太清楚发生了什么事情，向服务员一了解，才知道是自己的特殊身份让台湾游客生气了。这位领导马上走进厨房对工作人员讲，按规矩办事，不能有什么特例，我们来得晚，你们该怎么办就怎么办，不要让台湾游客留下不好的印象。出来后，这位领导还亲自向台湾游客赔礼道歉。

请分析：如果当时你在场会如何处理这场纠纷？

实战操练

了解本地的风味，撰写一篇介绍风味餐的导游词，并在全班进行现场讲解。

知识链接九

烟台特色美食、小吃及风物特产

一、烟台著名传统菜品

主要有：碧绿羊排、韭菜海肠、红烧藕丸等。它们不但具有鲁菜的传统风味，而且体现烟台的地方特色。

1. 碧绿羊排

碧绿羊排造型美观，味鲜香酥，外脆里嫩。此菜是选用带脊肉的羊肋排，通过加工烹制，再配以绿色的素菜，既增加了菜肴的色彩，又增加了其营养成份。

2. 韭菜海肠

用海肠子配以头刀韭菜制作的"韭菜海肠"是烟台名菜。海肠子季节性很强，只有在早春大风浪的天气里才能捞到。游客如想品尝，则需到烟台比较正规的酒店，时价60元左右一盘。

3. 红烧藕丸

红烧藕丸是烟台的特色菜品之一，外香内脆，鲜美可口，清淡去火。有兴趣的游客可在烟台各大中小餐馆品尝，时价30元左右一盘。

4. 八仙宴

八仙宴以大虾、海参、扇贝、海蟹、红螺、真绸等海珍品为主要原料，由8个拼盘、8个热菜和1个热汤组成。拼盘是仿照八仙过海使用的宝物拼成图案，不仅味道鲜美，还可观赏助兴；热菜烹饪呈现蓬莱多处名胜景观；热汤以八种海鲜加鸡汤制成，味道鲜美奇特。

5. 油爆双脆

油爆双脆是山东历史悠久的传统名菜。以猪肚尖和鸡胗片为原料，沸油爆炒，口感脆嫩滑润，清鲜爽口。

6. 芙蓉干贝

芙蓉干贝是传统名菜，是福山菜的典型代表菜。以干贝为主料，加葱姜、清汤上屉蒸熟，再将蛋清上屉蒸熟呈芙蓉状，把蒸好的干贝撒在上面，引入高汤，淋上香油即成。

7. 红烧大虾

红烧大虾是山东胶东风味名菜，色泽红润油亮，虾肉鲜嫩，滋味鲜美。对虾每年春秋两季往返于渤海和黄海之间。

8. 蓬莱卤驴肉

卤驴肉色红、透明，溢香扑鼻，鲜嫩爽口，为下酒佳肴。享有"蓬莱卤驴肉，天下无敌手"之誉。

二、福山的面食

面食也非常著名。主要有：鲜鱼水饺、福山大面、叉子火食、硬面锅饼等，后三者并称为"福山三大名食"。黄家烧饼以烟台小混沌和福山面食为主，像糖酥火食、各色烙饼都有的卖，不但价格便宜，而且实惠好吃。而福山大面又以其特殊风味最为出名。

1. 福山拉面（又称福山大面）

福山拉面已有二三百年的历史，被称为中国四大面之一。福山拉面分实心面、空心面、龙须面三种。实心面又分圆形、扁形、三棱形三种20多个规格，面卤分大卤、温卤、炸酱、三鲜、清汤、烩勺等十几个品种，条形与面卤的配制有一定的讲究，一般浓汁配粗条、清汁配细条、炸酱配扁条。空心面是将面条运用特殊工艺手法，拉出中间空心、两头透气的灯草式的面条。龙须面则是将一根面条用高超的拉面技术，拉成2048根细如发丝的面条，真可谓技艺精湛、巧夺天工。福山拉面由于工艺性强、口感好、品种多，不仅在国内负有盛名，在海外也享有盛誉，至今韩国、日本、美国等中餐馆仍挂着福山大面的招牌。

2. 鲜鱼水饺

烟台的鲜鱼水饺，具有鲜嫩、个大、馅多、皮薄的特点。鲅鱼、牙鲆鱼都是入馅的佳品。所谓鲜嫩，即鱼刚猎获不久，甚至切成的鱼块还在活动。将切碎的鱼放入酱油、葱花、姜末等调料搅拌，叫"透味"。在和馅时，要兑适量的水搅匀，这样的水饺才够鲜嫩。实践证明，鱼馅饺子最喜韭菜，它的辛辣味可使鱼味更鲜。鲜鱼饺子皮儿擀得精薄，几乎透出馅来。包时，因皮制宜，皮儿大，馅儿塞得饱满，往往捏不严饺子边，即使露了馅也混不了汤，它就像裹着一层薄皮儿的大鱼丸子。

鲅鱼水饺是将一斤以上的鲜鲅鱼，让头去骨，片下鱼肉切成小块，放入适量的油、盐、酱、味精、葱花、姜末等调料。调馅时需边加水边搅拌，搅得鱼块粉碎成稠糊状，再加进切细的韭菜和葱白做配料。饺子皮儿要擀得精薄，馅要放得特多。大锅急火煮出来的饺子，晶莹别透，咬一口鲜嫩纯正、香而不腻，令人回味无穷。大的水饺，一碗多则五六个，少者三四个，吃饱了，舌尖似乎被鲜得麻木了。所以，吃鲜鱼饺子多用捣碎的大蒜配以醋、酱油、香油做调料，以利解腻、清口。

3. 开花馒头

又名"白银如意"，指蒸熟的馒头个个似白牡丹，故名"开花馒头"，它是烟台传统面食品种。相传，开花馒头是由元朝洛阳东乡马家里员外的家厨发明的。那时，明太祖朱元璋还在马家当杂工，吃过这种馒头。以后他当了皇帝，要御厨制作，御厨不会，经朱元璋的夫人——皇后马家小姐指点才做出来。后来福山厨师入宫，学得此法，传回老家，流传于世。具体做法为：面粉加酵面和适量温水揉成面团，发酵至十成开时，掺上干面粉揉匀，再发酵至十成开，再掺上干面粉揉匀，发酵至十成开。酵面加适量碱揉匀，去掉酸味后，加上白糖揉匀，搓成长条，掐成面坯，掐口朝上，摆入屉内。锅中水烧开，迅速上屉，用旺火蒸熟即成。风味特点：色泽洁白，香甜松软，顶部开花，形似白牡丹。

4. 盘丝饼

盘丝饼是在抻面的基础上发展起来的一种精细面食品，是山东的传统面食品种。清末薛宝辰的《素食说略》中，对用福山拉面制作的盘丝饼有详细说明。将面粉放入盆内，加适量水、碱、食盐和成软硬适宜的面团。用抻面的方法拉成11扣面条，顺丝放在案板上，在面条上刷上香油，每隔7.5厘米将面条切成小坯。取一段面条坯，从一头卷起来，盘成圆饼形，直径约4.5厘米，把尾端压在底下，用手轻轻压扁。放入平锅内慢火烙至两面呈金黄色成熟即成。食时，提起饼中心的面头处，把丝抖开，再散放盆内，撒上白糖。风味特点：面丝金黄透亮，酥脆甜香。

5. 烟台焖子

烟台焖子是独具特色的风味小吃。相传一百多年前，有门氏两兄弟来烟台晒粉条，有一次刚将粉胚做好，遇上了连阴天，粉条晒不成，面胚要酸坏，情急之下，门氏兄弟将乡亲们请来用油煎粉胚，加蒜拌着吃。乡亲们吃后都异口同声地说好吃，有风味。于是门氏兄弟支锅立灶煎粉胚卖，人们都说好吃，但问此食品叫什么名，谁也说不出。其中一智者认为此品是门氏兄弟所创,又用油煎焖,就脱口而出叫"焖子"。烟台焖子从前多在街头小摊经营,1998年开始搬进了大雅之堂,并由名吃认定会认定为烟台名吃。烟台焖子是独具特色的风味小吃,以凉粉为主要原料。将凉粉切成小块,用锅煎到凉粉外边成焦状,并佐以虾油、酱油、芝麻酱、蒜汁等调料上桌即可。味道类似北京的煎灌肠。

6. 蓬莱小面

与福山大面相对应的蓬莱小面,也是久负盛名的风味小吃。它用与福山拉面相同的拉面技术,拉出匀条,用烟台名产加吉鱼做卤,以其面胚少、卤汁多而有别于福山大面,又以其清鲜味美、风味别具而自立特色。蓬莱小面系蓬莱传统名吃,历史悠久。面条为人工拉制(抻面,当地俗称"摔面"),条细而韧,卤为真绸(俗称加吉鱼)熬汤兑制,加适量绿豆淀粉,配以酱油、木耳、香油、八角、花椒等佐料,每碗一两,具有独特的海鲜风味。民国时期,传人衣福堂制作的蓬莱小面闻名遐迩(俗称"衣福堂小面")。衣福堂祖籍栖霞,13岁学厨,自营过挑担拉面,与人合开过兼营小面的饭店,1945年自营"衣记"饭馆。他制作的小面用料和做工极其考究,故供应量不大,每晨仅售百碗,以其做工考究、味道鲜美远近闻名,常有外地客商因吃不上衣福堂小面而引为憾事。新中国成立后,蓬莱大小饭店早餐多有经营,中高档宾馆亦以之待客,每晨销售量3万余碗。

7. 宁海脑饭

宁海(今牟平区)脑饭始创于1927年,以其制作精细、味美可口而闻名于胶东,因此胶东流传有"文登包子福山面,宁海州里喝脑饭"的民谣。

做法:舂小米淘洗干净,用清水浸泡回软,放水磨中磨成浆,用洁布包住过滤,放锅内熬至粘稠盛盆内待用。大豆洗净,用清水浸泡回软,放小磨中磨成浆,放锅内加食盐卤攒成嫩豆腐脑,揭去豆腐皮,倒入小米粥盆内成脑饭,盛若干碗。菠菜洗净切成段,与豆腐皮一起加香油炒熟,放在脑饭上面,食时加食盐、辣椒酱、腌雪里蕻拌匀即成。风味特点是鲜嫩香辣、味美可口。

8. 黄县肉盒

黄县肉盒是明末清初问世,至今已有300多年的历史,素以肉多菜少、色泽金黄、馅鲜汁多、皮酥脆香不粘牙而闻名齐鲁。

做法:面粉加猪油搓成油酥面,面粉加80℃热水烫成烫面面团,再将面粉用凉水调成凉水面团。将烫面团和凉水面团放在一起揉匀,擀成薄长方饼,油酥面团也擀成同样大小长薄饼摞在水面饼上面,然后顺长卷成长条状,掐成一个个面坯,擀成薄皮包馅,捏成菊花顶式的圆包,放到烧热擦上清油的平锅内,上下面煎呈金黄色,再将肉盒竖起煎成六面方圆形,取出肉盒,平锅加入多量清油烧热,复将肉盒

105

放入半煎半炸至熟透即成。风味特点：色泽金黄，馅鲜汁多，皮酥脆清香。

9. 糖酥杠子头火食

据有关史料记载，清朝末年，山东潍县城西留饭桥一带乡村流行制作一种火食，这种火食和面时加水甚少，用手揉不成团，只好在面板上用木杠压制，当地人遂送其雅号"杠子头火食"。后来，这种火食的制作方法流传到荣成石岛一带渔村。由于杠子头火食冬不甚凉、夏不易馊、口味甘甜、耐于贮存，是渔民出海打鱼携带的理想食品，因此很快流传开来。但后来渔民们发现，杠子头火食经海风一吹，变得又干又硬，难以下咽，于是聪明的渔民在制作时加上油和糖，即成为糖酥杠子头火食。这种火食又酥又甜，不变硬不易馊，成为渔民的出海必备食品。

10. 手擀面

手擀面是烟台农村迎宾待客的喜庆食品，烟台人结婚请客叫吃喜面，祝寿、过生日叫吃寿面，素有"送客饺子，来客面"之说。这种面的制作是将面粉加适量的食盐和食碱水，揉成面团，饧好后，用擀面杖擀成大薄皮，折叠成上窄下宽的形体，用刀切成条，放开水中煮熟，捞出分放在碗内，加上卤汁即成。

11. 咸鱼饼子

玉米面里要掺和适量的黄豆面，加温水调和，锅热时把和好的饼子面团摔拍在锅边，草火快烧。糊出来的饼子焦黄酥脆、香中带甜。咸鱼有三种：春胎、秋鲅、夏瓜板。整鱼洗净，摘除内脏去血污后，在坛子里淹上。待到汁流盐化，汤浸过鱼，便可捞出蒸熟。原汁原味，唇齿留香。

12. "哈"海蜇

长岛上的居民管"喝"叫"哈"。夏末秋初是海蜇旺汛。将鲜海蜇除去头爪，切大块放入水里浸泡。要"哈"时，用刀将海蜇削成片状，再像切面条般切匀切细，然后用清水冲洗几遍。适量加上精盐、味精、食醋、香油、香菜、辣椒等调料，便可以开怀畅"哈"了。海蜇条清亮如水，滑溜溜，凉渍渍的、辣苏苏的，咀嚼起来，格崩崩、脆生生的，使人的胃口大开，诱着你喝完一碗还想再喝。

13. 海菜包子

可做包子的海菜种类繁多，但用骆驼毛做包子最鲜美。海菜都喜大油大蒜，所以岛上人做海菜包子，除用足量的油外，多用肉丁和大蒜片配馅。包子个头大小适中，菜要塞实包严。蒸熟后尚未开锅，鲜香味便扑鼻而来。咬一口稀溜滑润，清鲜可口。

烟台除名菜、面食之外，还有很多可口的特色小吃店，有三合园、双和盛、震东酒店、渤海渔村、黄家烧饼等。三合园主要经营特色水饺，像山东的各种鲜鱼水饺在这里都品尝得到。除了体现烟台地方特色的饭馆，还有体现全国其他特色的餐馆，如：济南一九烧烤、牟平本土的鸡焖鱼店、江苏的盱眙小龙虾等。主要美食街有黄海明珠路和上夼西路两条美食街。

三、美食城

（一）黄海明珠路美食街

黄海明珠路长约1000米，是烟台具有特色风味的高档餐饮美食一条街，目前美食街北侧已有建起大型的商业网点和海鲜大世界，已成为烟台集美食、娱乐、购物于一体的美食商圈。交通：市内可乘坐5路公交到工商学院下车，然后向西步行前往即可。

（二）上夼西路美食街

美食街位于烟台环山路以南、红旗中路以北，以上夼西路为轴线，在街区东西两侧分布，总长度约800米，目前有美食餐馆120多家。整条街生意最好的是仁和兴烧烤和济南的一九烧烤，两家店都以经营海鲜烧烤为主，仁和兴烧烤是山东的连锁烧烤，招牌菜是烤海肠；济南的一九烧烤招牌菜是羊头串和大梁骨，很鲜明地体现了山东的烧烤风味特色。消费水平为人均每次消费30元左右。市内可乘坐47、58、86路公交车前往。

四、海鲜产品

1. 刺参

海参种类很多，胶辽半岛沿海产的刺参属优良品种，长岛所产的刺参品质最佳。加工后，肉体肥厚、硬实、营养丰富，深受行家们的赏识。刺参是名贵的滋补品，为山珍海味之一。干品含蛋白质60%以上，并含有钙、磷、铁、碘等多种对人体有益成份，具有补肾壮阳、益气补阴、通肠润肺作用，有显著的延缓衰老、强健体魄、祛病养伤的功效。

2. 皱纹盘鲍

它是中国鲍鱼之王。常吸附在礁岩砾石上，爬动觅食，是分布在我国北方沿海的一种珍贵贝类，汉代即为供品。长岛县砣矶以北，海水清澈，水深流急，礁石岩洞密布，海藻饵料丰富，最适宜鲍鱼生长、繁殖。所产的皱纹盘鲍个体肥大，肉质细嫩，味道鲜美，营养丰富，又被誉为八珍之王。

3. 栉孔扇贝

因其外壳似扇而得名，属冷水贝类。适合在我国北方海域生长，长岛是主要产地。扇贝柱（肉）是在扇形扁圆的壳内生长的白柱状的肌肉。扇贝是国家确定的八种海珍品之一。扇贝肉质细嫩，鲜味纯美，营养丰富，蛋白质含量63.7%，氨基酸含量高达23%。历史上多制成干品出售，即有名的干贝。

4. 天鹅蛋

天鹅蛋学名紫石房蛤，属海洋双壳贝类，是烟台沿海名贵海产品之一。分布于牟平养马岛后海"小象岛"与养马岛之间的一狭长水域内，属冷水性贝类，耐寒性很强。个体较大，且蛤肉肥满，味道极为鲜美，营养价值较高。

五、风物特产

1. 烟台葡萄酒

烟台红葡萄酒以著名的玫瑰香、玛瑙红、解百纳等优质葡萄为原料，经过压榨、去渣皮、低温发酵、木桶贮存、多年陈酿后，再经过匀兑、下胶、冷浆、过滤、杀菌等工艺处理而成。色泽呈宝石红，酒液鲜艳透明，酒香浓郁，口味醇厚，甜酸适中，具有解百纳、玫瑰香葡萄特有的香气。

2. 烟台绒绣

绒绣是用各种彩色毛线将图案绣制在一种特制的网眼布上。烟台绒绣以规整板挺、针法多变、绣工精致、形象逼真、层次明晰、立体感强和风格高雅而闻名。北京人民大会堂山东厅的《东海日出》和毛主席纪念堂的《祖国大地》两幅绒绣巨画，即为烟台绒绣的代表作。

3. 烟台抽纱

抽纱是一种中西结合的刺绣工艺。它是以亚麻布或棉布为材料，根据图案设计的要求，将花纹部分的经线或纬线抽去，然后用针线加以连缀，形成透空的装饰花纹，故名"抽纱"。产品多为台布、餐布之类，通常有格子花边与网形花边两种：格子花边多销往澳大利亚，网形花边则以美国为主要市场。图案造型和表现手法丰富多彩，布局均衡，构图新颖。

4. 烟台福山樱桃

烟台福山樱桃以其娇艳欲滴、晶莹剔透、香甜可口、营养丰富被誉为"果中珍品"、"水果之冠"，具有极高的营养价值和商品价值。

5. 烟台栖霞苹果

烟台属暖温带季风型大陆气候，最适宜苹果栽培，自明代起就开始种植。烟台苹果品质优良，以个大、香、甜、脆而享誉国内外。烟台栖霞红富士苹果的特点是：丰产质优、果个大、果形高桩端正、着色早、满红，着色指数高达95%以上，全红果比例在70%以上，色泽浓红艳丽，风味佳，综合性状属国内领先水平。在历次全国和全省果品参评会上，烟台苹果均居金牌榜首，每年除大量销往全国各地外，还外销东南亚诸国。福山苹果素以色泽艳丽、皮薄肉脆、香气馥郁、品质优良而驰名中外。二十世纪六七十年代一度成为党和国家领导人举办国宴、招待外宾的重要果品。

六、烟台海参

（一）简介

"刺参分布在我国辽宁大连，河北省北戴河、秦皇岛，山东的长岛、烟台、威海及青岛沿海区域，以山东长山岛海域刺参质量最优。"《本草纲目拾遗》中载："刺参，辽海有之，其性温补，足敌人参"。海参具有补虚润燥、活血通络之功，其主要成分海参素和粘多糖具有四抗作用：抗凝血、抗衰老、抗辐射、抗肿瘤，故名列海洋八珍之首。海参作为"海产八珍"之一，性温味甘，有补肾益精、养血润燥的功效。

海参的营养价值极高，胆固醇含量极微，为滋补珍品。大量研究还证实海参有很高的药用价值，特别适宜肿瘤的辅助和滋补扶正治疗，但若癌症患者身体虚弱、痰多，则不宜多用。海参中提取的海参皂甙的抗真菌效果达88.5%，它是人类从动物界找到的第一种抗真菌皂甙。海参含有三十多种对人体有益的活性物质，比如海参粘多糖就是一种很强的免疫促进剂，对人体的巨噬细胞吞噬功能、抗体生成、胸腺指数都有明显的促进作用，短期服用也有立竿见影之效。

海参药物活性十分广泛，人类的主要疾病，如肿瘤、心血管疾病、病毒性肝炎、艾滋病、免疫性疾病和老年病等在食用海参后均可得到有效逆转。常食海参对强身健体、延缓衰老、滋阴壮阳、美容护肤会有明显效果。

黄海、渤海交汇处的长山列岛刺参，历来为宫廷贡品。长岛在秦汉时期就享有"海上仙山，人间仙境"的美誉，被称为中国的四海福地，拥有"中国鲍鱼、扇贝、海带之乡"的美誉。长岛是中国的夏威夷，享有"国家级自然保护区、国家级风景名胜区、国家森林公园，省级海豹自然保护区和省级地质公园"的荣耀。2006年，又荣膺由十几位院士和近百位专家学者组成的评审团评选的"中国最美十大海岛"之列。长岛海域栖息着大量珍贵的海洋生物资源，水质为国家一级标准，岛上绝无工业，杜绝了人为的污染，这种优势在全国其他地方绝无仅有，从而保证了海参种质的纯正和健康。唐末以后，长岛所产刺参一直为宫廷贡品。由于黄海、渤海交汇处的长岛，水质清新肥美，水草丰茂，坡岸陡峭，石礁林立，给刺参创造了优良的生存栖息环境，故而，此地刺参肉质肥厚，蛋白质中氨基酸种类多，ET值比例十分接近人体体液，而且所含活性成分较高，特别是具有四抗作用的刺参粘多糖含量远高于其他地区，所以长岛刺参价值远胜于其他海参，商品价格也名列前茅。

长山列岛自然生长三到五龄以上的刺参，为长岛海参中的极品。规格是20头~150头/500克，价格是1750~2900元/500克。正常情况下，30~33斤鲜活海参能出1斤干海参，优质长岛鲜活海参价格最便宜为60元/斤，价格比其他地方高出20%。春节过年的时候甚至高达120元/斤，一斤真正的优质长岛干海参，仅海参原材料成本就是60元/斤×33斤=1980元，如果再加上海区承包费用、厂房、设备、工人工资，应该在2500元/斤以上，低于2500元就要考虑是否有假了。如果在千元以下，均系多遍反复加盐加工或掺夹水泥晒干，营养流失极为严重，质量更是难有保障，不仅严重削弱企业的声誉，而且对人的生命健康造成严重威胁。

（二）干海参（刺参）质量优劣鉴别

干海参营养丰富，蛋白质含量高达76.5%，含人体必须的18种氨基酸和其他食物不含的海参多糖物质。海参属于软体海生动物，鲜品不易久储，作为商品，通常加工成干品和盐渍两种形态。目前市场销售的干海参的品质、价格差异相当悬殊。劣质品不但破坏了海参自身的营养价值，也模糊了消费者的视觉。下面介绍几种识别方法：

1. 观察法

按干海参标准规定的工艺加工的干海参，其色泽为黑灰色或灰色，体形完整端正，个体均匀，大小基本一致，结实而有光泽，刺尖挺直且完整，嘴部石灰质显露少或较少，切口小而清晰整齐，腹部下的参脚密集清晰；单体重按规格分7克左右至15克以上不等；体表无盐霜，附着的木炭灰或草木灰少，无杂质、异味为上品。相比之下，干海参个体大小参差不齐，形体不正，色泽粗暗，参刺短，刺尖圆钝或残缺不全，腹部下的参脚模糊不清晰；端头切口不规则、不清晰，有较明显的石灰质；体表附有盐霜或盐结晶与杂质的品质低劣。

2. 手感法

干海参个体坚硬，不易掰开，份量较轻，十足干，敲击有木炭感，掷地有弹性、有回音，为上品。劣质干海参易于掰断，并有盐结晶或杂质脱落，手据有沉重感，敲击或掷地无弹性和回音，盐含量均在60%以上。

3. 剖开法

将干海参横向切开，其体内洁净无盐结晶，无内脏、泥沙等杂质，断面壁厚均匀，在3~5mm以上，断面肉质呈深棕色，光泽明亮为上品。不按规定加工工艺要求或经反复多次烧煮、盐渍加工的干海参，体内有明显的盐结晶或杂质，胶质层薄且厚度不均匀，甚至破碎，形成破洞，组织形态老化即为劣质品。

（三）干海参发制（水放涨发）方法

干成品刺参在食用前需经一个水放发制过程，通过水发回放将干成品变为水发参，刺参个体回放率的大小与刺参质量成正比。一般优质刺参涨放率都在1:6以上，而且水参肉厚皮质有弹性，营养价值高。

回放刺参具体操作工艺是：洗净→凉水浸泡→去脏壁内筋→冲洗→热开水回放→纯净水低温存放→食用。

操作与处理：

1. 选择适量干成品刺参放容器内，洗净刺参体表的炭灰和盐份后，用凉水浸泡。每天换水1~3遍，2~3天后品尝，直到感觉水不咸了为止。

2. 干成品刺参经浸泡达到湿软后，捞出，用利刀顺刺参原来开口处切开，摘除刺参的口腔（俗称牙，即石灰质）和脏壁内筋，放到锅里用90℃~100℃热水文火浸煮20~60分钟，然后逐渐降至自然温度。

3. 将泡好的海参倒出，凉透换纯净水低温冰箱内存放，0℃~8℃涨发，24~36小时后即可食用，保存期限在一周以内为宜，最好每天换水一遍，以备食用。

备注：

① 盐分一定要泡除干净，否则海参发不透。

② 刺参腹中的内壁（五根筋）可食用，且营养丰富，千万不要扔掉，可剪开参体取出内筋做汤用。

③ 发制海参容器用干净、无油污的专用不锈钢锅，水容量用直径32cm、深8cm的带盖盆也很好，或者用经济适用的砂锅。

④ 用纯净水发海参不但个体大而且人体吸收最好。

⑤ 海参煮好后，用0℃至8℃的纯净水浸泡24~36小时涨发最大，人体易吸收。

⑥ 用暖瓶发制要注意，因为其保温效果好，海参长时间高温易烂，所以高温时间以6~8小时左右为宜（具体时间根据海参规格、产地、体壁厚度适当调整）。

⑦ 海参中的蛋白和营养成分不溶于水，海参水发过程中营养成份流失很少。

⑧ 吃海参最佳时间为饭前半小时空腹食用。

⑨ 发参量以保存期限在一周以内为宜，如果超出一周的量，可将发好的刺参放入低温冰箱中加水冷冻，可同样起到保鲜作用。

七、烟台海鲜

烟台素有"烹饪之乡"之称，烹饪历史悠久、源远流长，春秋战国时期就有文字记载。悠久的饮食文化，培育了一代又一代技术精湛的烹饪人才，创制出许多脍炙人口的名菜佳肴。

据传，秦始皇东巡时非常喜欢吃海鱼，但他爱吃鱼却不会吐刺，因他被鱼刺卡着而不知杀掉多少厨师。这次路经福山，叫福山厨师烹制海鱼给他吃。福山厨师知道大祸临头，就将鱼放到案板上，用刀使劲拍打，嘴里嚷着："就叫你送了我的命"。可拍打过后，发现鱼肉和鱼刺分离，于是将鱼肉制成丸子，放到锅里煮熟，送给秦始皇吃，秦始皇吃着又鲜又嫩又无刺的鱼丸子，龙颜大悦，称福山厨师有技术，从此余"鱼丸子"这道菜便在胶东流传开来。

后来，福山有个财主非常喜欢吃鱼丸子，几乎达到每顿必吃的地步。这天厨师手被割破，不能用手挤丸子，于是他就用汤匙一个个挖着放入锅里，结果汆出的丸子两头尖、中间粗，酷似银元宝。财主问厨师这叫什么菜，厨师见其形灵机一动，脱口而出叫"汆鱼福"，财主非常高兴，大奖了厨师。此菜后来被发展用"扒"的烹调方法来作，这就是被称为山东名菜的"扒鱼福"。

烟台厨师不是男人的专利，历史上还出现了许多女厨娘，并对中国烹饪作出了很大贡献。相传，福山有一女厨娘擅煎黄花鱼，一次因主人催得紧，鱼没有煎熟，主人叫她重做一条，女厨娘想另做一条时间过长，主人又要发火，于是在情急之中，将锅内添了些汤汁和调味品，将煎鱼放入锅内溜熟，汤汁将收干时盛出端上，主人一吃绵软香嫩，大加赞赏，问这叫什么做法，女厨娘根据烟台人叫干东西受潮为溻的意思便说，叫"锅溻黄鱼"，女厨娘不仅发明了一道名菜，同时也发明了"溻"这一烹调方法。后人又创制出"锅溻鱼盒"、"锅溻肉"、"锅溻豆腐"等许多深受欢迎的名菜。由于烟台烹饪技术的精湛，创制出众多的名菜，因此，成为鲁菜两大风味流派之一，而福山更成为鲁菜的发源地，被誉为"烹饪之乡"。

及至明朝，烟台烹饪技术进入北京，成为宫廷菜的基础。福山有个村叫銮驾庄，它的传说记述了福山厨师被皇后娘娘用半副銮驾请到宫中为皇帝做糟溜鱼片的故事，足以说明烟台烹饪技术对宫廷菜的影响，继而烟台烹饪影响到京津、东北、华北广大地区。从明朝到清末，北京大饭馆中掌厨的大多是胶东人。可见烟台烹饪此时已成为中国北方菜的重要支柱。

"福山帮与海肠子"的故事就是记述了福山厨师在北京王府井开饭店生意红火，相邻的饭店老板派人去学，自己去"偷"，但就是学不到真谛。其原因就是在没有味精的时代，福山厨师用焙干的海肠子粉当味精，上菜时偷着撒上点，味道特鲜，北京厨师哪能知道，于是福山厨师在京名声大振。到明末清初，烟台厨师纷纷到海外谋生，将烟台的厨艺传到了国外。据不完全统计，仅福山一个区，海外华侨经营餐饮业的就有1800多家，分布在世界五大洲六七十个国家。

烟台依山傍海，物产丰富，有909公里海岸线，盛产着100余种鱼、虾、蟹、贝、蛤、螺，海珍品和小海物的产量和质量均列全国首位，是中国北方的"鱼米之乡"。烟台是北方水果的重要产地，烟台苹果、莱阳梨、烟台大樱桃等都是驰名中外的佳品，是名符其实的"果品之乡"。这些都为烟台烹饪准备了丰厚的原料基础。丰富、新鲜、名贵、味美是烟台烹饪的原料特点。注重火候、爆、扒、溻、烧、炒、蒸、煮、拔丝等是烟台烹饪的突出烹调方法。善烹海味，特别是小海味菜肴的制作是烟台厨师的拿手技法。以咸鲜口为主，清鲜、脆嫩、原汁原味是烟台菜肴的一大特色。

> 知识链接十

鲁菜源头——銮驾庄的传说

全国八大菜系,按品种之多、流域之广,当以"鲁菜"为首,而"鲁菜"的发源地一般都认为是福山。这很可能与当日的北京有一个庞大的"福山帮"在开饭店有关,为了经营的效益处心积虑,花样翻新,最后才形成规模。

可是当地的人却争说自己的村子是"鲁菜"的正宗发源地,好像"鲁菜"是哪个人的发明创造,要争个"专利权"似的。在福山,自称是"鲁菜"正宗源头的有好几个村,但銮驾村的人听了之后,却露出不屑一辩的神色:"那都是假的。他们村有御厨吗?有半副銮驾吗?万岁爷肯把半壁江山相赠吗?"

其实,"御厨"也好,"半副銮驾"也好,都只不过是传说而已。至于"半壁江山相赠",那更是无稽之谈。江山虽属帝王私有,他也决不肯寸土送人,因为凭借着江山,他可以颐指气使、为所欲为。召唤个把厨子为自己驱使,满足口腹之乐,易如反掌。不过,这传说也许有些"杜撰"的道理,不然何至于在边陲之地冒出个以"銮驾"命名的村庄呢?

相传古时候,皇宫里有一个御厨,菜做得特别好,很得皇帝的宠爱。皇帝走到哪里就把他带到哪里。可是御厨年纪大了,手脚越来越不灵便,就一再要求告老还乡。皇上看他年事已高,只好照允。为了显示自己"皇恩浩荡",也为了树立一个小心翼翼服侍自己的"走狗榜样",皇上颁旨,说御厨忠心耿耿地侍奉了皇家几十年,要褒奖他一块领地,普天之下除了皇宫之外,让他随便挑拣。

老御厨早已厌倦了京都的奢侈豪华,更厌倦了那里的勾心斗角,很想远离是非之地,便想起了当年跟随皇帝东巡,曾经到过福山,那里山青水秀、民风淳厚,远离通衢大都,但物产丰盛、人人安居乐业,正是自己颐养天年的地方。于是就叩头谢恩,请求赐地福山。

皇上就把福山县城西北四五里的一块地方给了御厨。御厨在那里建房造屋,安度晚年,或者栽花种树,或者吹吹海风,偶尔也与三五村老下下棋,为争一个"失着"吵得面红耳赤,然后又抚掌大笑,连连自称"老顽童"、"老顽童",过得好不自在。然而,刚刚转过年来不久,突然传下圣旨,宣召御厨进宫,但附了个条件——如果身体欠佳,可以不去。

老御厨犯了思索,按说,帝王以九鼎之尊,仍念念不忘他这个不中用了的老厨子,该奉召进京才是;可是再想想那"伴君如伴虎"的岁月,自己实在不寒而栗。到了这把年纪了,再时时刻刻提心吊胆地仰脸侍奉人,心里也受不住。对比一下离宫之后逍遥自在的岁月。罢，罢，罢！还是让我过个自自在在的晚年吧！御厨竟然抗旨不遵。

皇帝也不能差遣有病之身，地方官只能如实上本。岂料又过了不长时间，皇上金牌催促，让御厨进宫。原来皇上龙体欠安，饭茶不思，便想起了御厨做的"御膳"。他人做的均不对口味，非请老御厨不可。皇上重病两日，粒米不进，这还得了！火急宣召犹不足，派出了"半副銮驾"。这可是了不起的大事。这"半副銮驾"是帝王权力的象征。当初皇帝出巡时，就是乘坐的"半副銮驾"。有道是一副銮驾一副江山，半副銮驾半副江山。现在皇上把"半副銮驾"派来了，可见对老御厨重视的程度，这是要把半壁江山奉送给他呀！

老御厨只好上路了。他倒不是想那半壁江山，而是想起了皇上待自己毕竟不薄，且救人如救火，皇上龙体饿着，他也于心不忍。他坐上了"半副銮驾"，可就不得了啦！一路上尽管马不停蹄，无暇与地方官吏说上一言半语，可那些州官县吏为了表示对皇家的忠心，莫不跪迎三十里，朝着"半副銮驾"直磕头。老御厨莫名其妙地当上了"临时皇帝"，全凭着这"半副銮驾"一路风光，终于到了京城。

御厨再作冯妇，下灶做了几样御膳。皇上一尝，龙颜大开，接着就吃得十分香甜。不出一月，龙体康复，御厨成了"神厨"，只能老死宫中了。不过，他居住过的地方也名扬四海了。这是历史上独一无二的"厨子皇帝"呀！有几个厨子坐过銮驾？又有几个村庄皇帝的銮驾到过？后人把这里形成的村庄叫做"銮驾庄"，这里的人也确实会做菜。但是不是沾了老御厨的光，我们便不得而知了。

任务六　购物服务

任务目标

1. 能根据接待计划书规定的时间、次数和地点安排购物。
2. 能通过查阅资料，了解烟台风物特产。
3. 能通过查阅资料，掌握海参等海产品的基本特点。
4. 能通过查阅资料，了解山东的风物特产。
5. 能协助客人购物。
6. 能主动获取有效信息，展示活动成果，对学习与工作进行总结反思，能与他人合作，与相关服务单位进行有效沟通。

课时安排

8课时

任务描述

西安旅游团行程的第四天上午的安排是去参观张裕酒文化博物馆并购物，作为地陪，请你提供好购物服务。

任务分析

购物是旅游团的一项重要活动，也是游客的需要，地陪要把握好游客的购物心理，恰到好处地做好烟台特产的宣传、推销工作，要特别提醒游客乘坐飞机携带酒水的有关规定。

任务实施

根据班级人数，将学生分为4~6人一组。以小组为单位认真阅读任务描述，获取信息，进行分析，完成客人购物的服务任务。

一、介绍旅游购物品，激发游客购买欲望

地陪在带领旅游团队购物时，要坚持"需要购物、愿意购物"的原则，不得欺骗和强迫游客购物。讲解中应把握以下要点：旅游商品的名称、产地、历史、文化内涵、生产过程、工艺特色等，满足游客的审美需要，激发游客购买欲望。介绍时，不能孤立地讲商品本身，更不能直接推销和兜售。

二、合理安排购物活动

1. 合理安排购物时间

购物次数不能过于频繁。一般一个旅游团一天最多只能安排一次购物。次数太多，很有可能会影响正常的游览行程，也会使游客产生厌烦情绪。购物的时间要安排合理，既不可太长，使游客在商店中无事可做；也不可太短，使游客没有时间认真挑选。每次购物时间控制在40分钟左右。

要把行程中的最佳时段安排为游览，游览间歇或游客疲乏时安排购物。这样做，既有效地满足了游客的游览审美需求，又利用购物刺激了游客的兴趣，使整个行程显得充实。一般来说，进店应该安排在至少游览了一个大景点之后，或者安排在午饭前后或晚饭之前。许多导游有意识地将上午及下午的游览结束时间控制在离开餐还有50分钟左右的时候，此时既已完成了观景任务，午饭、晚饭又还早，应是最佳进店时间。

2. 慎重选择购物商店

要选择旅游定点购物商店。经过国家旅游行政管理部门的认定，定点商店无论在质量上还是在价格上都相对令人放心。

三、购物时的服务

1. 游客在购物时，地陪不应参与其挑选与论价，但要注意监督购物商店工作人员是否有欺诈行为。如果发现商家有不法行为时，应站在游客一边，维护其正当的消费权益。

2. 如果所购买的物品需要托运，地陪应协助其办理托运手续。

3. 若带海外游客购买古玩或仿古艺术品，地陪一定要将游客带到正规文物商店

购买，并请游客保护好文物上的火漆印，保留购物发票，以备海关查验。

4. 海外游客想买些中药材，地陪应告知中国海关确关规定：入境游客出境时可携带用外汇购买的数量合理的中药材、中成药，须向海关交验盖有国家外汇管理局统一制发的"外汇购买专用章"的发货票，超出自用合理数量范围的，不准带出。虎骨、犀牛角、麝香不准带出境。

5. 游客欲购买某一商品，但当时无货，请导游人员代为购买并托运，对游客的这类要求，地陪一般应婉拒；实在推托不掉时，地陪要请示领导，一旦接受游客的委托，应在领导指示下认真办理委托事宜：收取足够的钱款（余额在事后由旅行社退还委托者），发票、托运单及托运费收据寄给委托人，旅行社保存复印件，以备查验。

6. 游客购物后发现是残次品、计价有误或对物品不满意，要求导游应积极协助其退换，必要时陪同前往。

任务评价

表 6-1　地陪购物服务评价表

第_____组　　组长_____				
内　　　容		分值/分	自我评价	小组评价
合理安排购物活动	合理安排购物时间	10		
	慎重选择购物商店	10		
购物时的服务	维护游客的正当权益	10		
	协助游客办理大件商品的托运手续	10		
	购买古玩或仿古艺术品的服务	10		
总评（星级）				
建　　议				
购物服务基本要求： 1. 旅游购物介绍有吸引力。 2. 购物活动安排符合游客需求。 3. 购物服务提供周到。 星级评定： 　★（20分及以下）　★★（20~25分）　★★★（25~30分） 　★★★★（35-40分）　★★★★★（40分及以上）				

任务拓展

案例分析

春节外出旅游买个花瓶图个平安和吉利本是件好事，可到海南旅游的孙先生一家却遭遇了精明商家的"连环套"。孙先生跟随旅游团外出购物时，相中了一个样式不错的花瓶，标价200元。最后经过讨价还价，孙先生以60元的价格购得了这件心爱之物。正当孙先生为此沾沾自喜的时候，地陪说："先生买了个这么漂亮的花瓶，怎么也得配个瓶托呀，再说了，也得把这份平安托稳了呀！"孙先生一琢磨，还是认为导游小姐的话说得有道理。"行，就听你的，再来个托，帮我挑个漂亮的，得配得上我这瓶啊。"这边瓶托还没有挑选完，一个售货员小姐凑了过来，"先生，您要了个这么漂亮的花瓶，又配上了瓶托，按我们当地人的习俗，有好瓶就得有好盒子装，这叫把平安装起来，然后把花瓶带回家，所有的平安就都装在里面了，多吉利呀！"听售货员小姐这么一说，孙先生心里又犯起了痒痒。"话说得也对，反正都买了，还不如一气买全了吧。"抱着"上当就一回"的心理，孙先生接受了导游和售货员的建议。花瓶配好了瓶托，装进了漂亮的盒子，上下一打量，确实增色不少。然而一到收银台结账，孙先生傻眼了，一共300多元，自己砍了半天价等于白砍不说，还得搭进去100多元。抱着这个高价花瓶，看着导游和售货员小姐的张张笑脸，孙先生真是有苦难言啊。

请分析：地陪应如何正确对待旅游购物。

实战操练

了解本地的特色旅游购物品，撰写一篇旅游购物的导游词，并在班上进行讲解。

知识链接十一

出入境知识

一、入境有效证件

外国游客必须在指定口岸向边防检查站（由公安、海关、卫生检疫三方组成）交验有效证件，填写入境卡，经边防检查站查验核准加盖验讫章后方可入境。

1. 护照

护照是一国主管机关发给本国公民出国或在国外居留的证件，以证明其国籍和身份。护照一般分外交护照、公务护照和普通护照三种，有的国家为团体出国人员（旅游团、体育团队、文艺团体）发给团体护照。中国为出境旅游的公民发给一次性有效的旅游护照。

（1）外交护照发给政府高级官员、国会议员、外交和领事官员、负有特殊外交使命的人员、政府代表团成员等。持有外交护照者在外国享受外交礼遇（如豁免权）。

（2）公务护照发给政府一般官员，驻外使、领馆工作人员以及因公派往国外执行文化、经济等任务的人员。

（3）普通护照发给出国的一般公民。

在中国，外交、公务护照由外事部门颁发，普通护照由公安部门颁发。

2. 签证

签证是一国主管机关在本国或外国公民所持的护照或其他旅行证件上签注、盖印，表示准其出入本国国境或者过境的手续。华侨回国探亲、旅游无需办理签证。

签证分外交签证、礼遇签证、公务签证、普通签证等。签证上规定护照持有者出境的口岸和停留的起止日期。

九人以上的旅游团可发给团体签证。团体签证一式三份，一份由签证机关存档，另两份分别用于入境和出境。团队签证比较容易批，但必须是整团进整团出。如果因特殊原因个别人需要提前或推迟离境，应办理签证分离手续。

友好国家之间也可以签订协议互免签证。落地签证是指在特定情况下来不及办理签证时，可到达该国指定口岸后再申请入境签证。但旅游团队办理落地签证需慎重，万一被拒签，将非常麻烦，所以应事先经有关国家接待旅行社报本国签证部门同意后才能发团。

3. 港澳居民来往内地通行证

该证是港澳居民来往出入内地的旅行证件和在内地住宿、居留、旅行的身份证件，由公安部委托香港、澳门中国旅行社受理通行证办理，授权广东省公安厅审批、签发《通行证》。

4. 台湾同胞旅行证

该证是台湾同胞来内地探亲、旅游的证件，经口岸边防检查站查验并加盖验讫章后，即可作为进出内地和在内地旅行的身份证明。该证由我国公安部委托香港中国旅行社签发，证明为一次性有效，出境时由口岸边防检查站收回。

二、出境旅游证件的申办

1. 旅游护照

我国公民旅游护照属普通因私护照，由申请者户口所在地公安机关核发，有效期为：护照持有人未满十六周岁的五年，十六周岁以上的十年。

申办出境旅游护照应向公安机关出入境管理部门提交：附有单位对申请人审核意见的出境申请表，交验身份证、户口簿和其他户籍证明、担保金或足额旅游团费发票、指定规格的相片等。由外交部或外交部授权的地方外事部门核发的公务护照不能用于自费出境旅游。

2. 往来港澳通行证

这是我国公民前往香港、澳门特别行政区旅游的旅游证件，有效期内一次性使用，由公安机关核发。申请者提交附有单位审核意见的中国公民前往香港、澳门旅游申请表及足额团费发票，交验身份证、户口簿和其他户籍证明、指定规格的相片，由本人直接或旅行社代为向公安机关出入境管理部门申办。

3. 大陆居民往返台湾通行证（办理办法参照《往返港澳通行证》）

4. 旅游签证

旅游签证由出境游目的地国家驻华使馆、领馆签发。护照批出后，由旅行社代为向目的地国家驻华使馆、领馆申办。旅游签证一般一次进入目的地国家国境有效。我国公民赴台湾旅游要凭《大陆居民往来台湾通行证》办理台湾方面的《入台观光证》。

三、入境检查手续

办理入出境手续的部门一般设在口岸和旅客入出境地点。我国海关规定了"一关四检"的检查制度。

1. 海关检查

海关检查是指海关在国境口岸依法对进出国境的货物、运输工具、行李物品、邮递物品和其他物品执行监督管理、征收关税和查禁走私等任务时所进行的检查。

海关通道分"红色通道"和"通道绿色"两种。

（1）红色通道（亦称"应税通道"）。海外游客进入中国境内，一般须经"红色通道"，事先要填写《旅客行李申报单》向海关申报，经海关查验后放行。申报单上所列的自用物品，海关加上"△"符号的，必须复带出境（如摄像机、照相机等）。申报单不得涂改，不得遗失，出境时交海关办理手续。

（2）绿色通道（亦称"免税通道"）。持有中国主管部门给予外交签证、礼遇签证护照的外籍人员及海关给予免检礼遇的人员，可选择"绿色通道"，但须向海关出示本人证件和按规定填写申报单据。中国海关规定：携带无需向海关申报物品的旅客也可选择"绿色通道"。

2. 边防检查

边防检查要求出入境人员按照规定填写出境、入境登记卡，向边境检查站交验有效护照或者其他出境、入境证件，经查验核准后，方可入境。

3. 安全检查

中国海关和边防站，为保证游客生命和财产安全，禁止携带武器、凶器、爆炸物品，采用安全门使用磁性探测检查、红外线透视、搜身开箱检查等方法，对游客进行安全检查。

4. 卫生检疫

外国人进入中国，应根据国境检疫机关的要求如实填报健康申明卡。传染病患者隐瞒不报，按逃避检疫论处，一经发现，禁止入境；已经入境者令其提前出境。

来自传染病疫区的人员须出示有效的有关疾病的预防接种证书（俗称"黄皮书"）；无证者，国境卫生检疫机关将从他离开感染环境时算起实施6日的留验。

来自疫区，被传染病污染或可能成为传染病传播媒介的物品，须接受卫生检疫检查和必要的卫生处理。

5. 动植物检疫

为保护我国农、林、牧、渔业生产和人体健康，维护对外贸易信誉，履行国际义务，防止危害动植物的病、虫、杂草及其他有害生物由国外传入或由国内传出。我国根据相关法规，在边境口岸设立的口岸动植物检疫站，代表国家对入出境的动物、动物产品、植物、植物产品及运载动植物的交通工具等执行检疫任务。游客应主动接受此项检疫，并按有关规定入出境。

四、部分限制进出境物品

1. 烟、酒

旅客类别	免税烟草制品限量	免税12度以上酒精饮料限量
来往港澳地区的旅客（包括港澳旅客和内地因私前往港澳地区探亲和旅游等旅客）	香烟200支或雪茄50支或烟丝250克	酒1瓶（不超过0.75升）
当天往返或短期内多次来往港澳地区的旅客	香烟40支或雪茄5支或烟丝40克	不准免税带
其他进境旅客	香烟400支或雪茄100支或烟丝500克	酒2瓶（不超过1.5升）

2. 旅行自用物品

入出境旅客旅行自用物品限照相机、便携式收录音机、小型摄影机、手提式摄录机、手提式文字处理机各一件，含经海关审核批准的其他物品。经海关放行的旅行自用物品，旅客应在回程时复带出境。

3. 金、银及其制品

旅客携带金、银及其制品入境应以自用合理数量为限，超过50克应填写申报单证；复带出境时，海关凭本次入境申报的数量核放。

携带或托运出境在中国境内购买的金、银及其制品（包括镶嵌饰品、器皿等新工艺品），海关凭中国人民银行制发的《特种发货票》查验放行。

4. 文物

旅客携运出境的文物，须经中国文化行政管理部门鉴定。对在境内购买的文物，海关凭"文物古籍外销统一发货票"和中国文物管理部门加盖的鉴定标志查验放行。对在境内通过其他途径得到的文物，必须事先报经中国文物管理部门鉴定，海关凭中国文物管理部门加盖的鉴定标志及开具的许可出口证明查验放行。目前，在北京、上海、天津、广州等八个口岸设有鉴定机构。

5. 中成药

旅客携带中药材、中成药出境：前往港澳，总值限人民币150元；前往国外，总值限人民币300元。个人邮寄中药材、中成药出境：寄往港澳，总值限人民币100元；寄往国外，总值限人民币200元。麝香、犀牛角和虎骨严禁出境。

知识链接十二

张裕酿酒公司产品及葡萄酒知识

一、张裕发展史

1892年，著名的爱国华侨张弼士先生为了实现"实业兴邦"的梦想，先后投资300万两白银，在烟台创办了"张裕酿酒公司"，中国葡萄酒工业化的序幕由此拉开。"张裕"二字前取张弼士姓氏"张"，后取"昌裕兴隆"之意。1915年，张裕的四种产品：（可雅）白兰地、红玫瑰葡萄酒、琼瑶浆和雷司令白葡萄酒，参加巴拿马太平洋万国博览会（世博会的前身），获金质奖章和最优等奖状。1937年，张裕公司以蛇龙珠葡萄为主要原料酿造了一款葡萄酒，命名为"解百纳"，蕴涵"携海纳百川"之深意。1987年，鉴于张裕对国际葡萄酒事业的杰出贡献，烟台被命名为"国际葡萄·葡萄酒城"，这是亚洲唯一的国际葡萄·葡萄酒城。1993年，"张裕"商标被国家工商局认定为"中国驰名商标"。2001年，张裕严格按照国际"3S"标准：大海（SEA）、沙滩（SAND）、阳光（SUN），建成了中国第一座符合国际酒庄标准的专业化葡萄酒庄园——张裕·卡斯特酒庄。2002年7月，张裕与海尔、联想等十六家中国著名企业一起被中国工业经济联合会评为"最具国际竞争力向世界名牌进军的民族品牌"。2007年，张裕前后共建成四大酒庄：烟台张裕·卡斯特酒庄、北京爱斐堡国际酒庄、辽宁冰酒酒庄、新西兰凯利酒庄，成为中国拥有酒庄最多的葡萄酒企业。张裕集团连续多年的中国葡萄酒市场综合占有率为全国第一。

二、葡萄酒起源

葡萄酒起源于公元前6000年的古波斯，后来古罗马帝国的军队征服欧洲大陆时，推广了葡萄种植和葡萄酒酿造。公元1世纪征服高卢（法国）后，法国葡萄酒就此起源，公元2世纪时到达波尔多地区。中国1000多年前就有了葡萄酒的手工酿造作坊，张裕公司是中国现代葡萄酒工业的开创者。中国比较出名的葡萄酒企业还有：创建于1981年的天津王朝葡萄酒公司；成立于1983年的中国长城葡萄酿酒公司（沙城长城）；创建于1988年的华夏葡萄酿酒公司（华夏长城）；创建于1998年的烟台中粮葡萄酿酒公司（烟台长城）。

三、葡萄酒种类

用新鲜的葡萄或葡萄汁经发酵酿成的低酒精饮料称为葡萄酒。全世界葡萄酒品种繁多，一般按以下几个方面进行葡萄酒的分类：

（一）按酒的颜色分

1. 红葡萄酒：葡萄带皮发酵而成，酒色分为深红、鲜红、宝石红等，近几年来桃红葡萄酒在国际市场上也颇流行，桃红葡萄酒色泽介于红葡萄酒和白葡萄酒之间。

2. 白葡萄酒：用白葡萄或红葡萄榨汁后不带皮发酵酿制，色淡黄或金黄，澄清透明，有独特的典型性。

（二）按酒内糖份分

1. 葡萄酒：亦称干酒，原料（葡萄汁）中糖分完全转化成酒精，残糖量在0.4%以下，口评时已感觉不到甜味，只有酸味和清怡爽口的感觉。干酒是世界市场主要消费的葡萄酒品种，也是我国旅游和外贸中需要量较大的种类。干酒由于糖分极少，所以葡萄品种风味体现最为充分，通过对干酒的品评是鉴定葡萄酿造品种优劣的主要依据。干酒由于糖分低，从而不会引起酵母的再发酵，也不易引起细菌生长。

2. 半干葡萄酒：含糖量在4~12克/升之间，欧洲与美洲消费较多。

3. 半甜葡萄酒：含糖量在12~40克/升之间，味略甜，是日本和美国消费较多的品种。

4. 甜葡萄酒：葡萄酒含糖量超过40克/升，能感到甜味。质量高的甜酒是用含糖量高的葡萄为原料，在发酵尚未完成时即停止发酵，使糖分保留在4%左右，但一般甜酒多是在发酵后另行添加糖分。中国及亚洲一些国家甜酒消费较多。

(三) 按含二氧化碳分

1. 静酒: 不含 CO_2 的酒为静酒。

2. 汽酒: 含 CO_2 的葡萄酒为汽酒, 汽酒又分为两种:

(1) 天然气酒: 酒内 CO_2 是发酵中自然产生的, 如法国香槟省出产的香槟酒。

(2) 人工气酒: CO_2 是用人工方法加入酒内的。

(四) 按酿造方法分

1. 天然葡萄酒: 完全用葡萄为原料发酵而成, 不添加糖分、酒精及香料的葡萄酒。

2. 特种葡萄酒: 是指用新鲜葡萄或葡萄汁在采摘或酿造工艺中使用特种方法酿成的葡萄酒, 又分为:

(1) 利口葡萄酒: 在天然葡萄酒中加入白兰地、食用蒸馏酒精或葡萄酒精、浓缩葡萄汁等, 酒精度在 15%~22% 的葡萄酒。

(2) 加香葡萄酒: 以葡萄原酒为酒基, 经浸泡芳香植物或加入芳香植物的浸出液(或蒸馏液)而制成的葡萄酒。

(3) 冰葡萄酒: 将葡萄推迟采收, 当气温低于 -7℃, 使葡萄在树体上保持一定时间, 结冰, 然后采收、带冰压榨酿成的葡萄酒。

(4) 贵腐葡萄酒: 在葡萄成熟后期, 葡萄果实感染了灰葡萄孢霉菌, 使果实的成分发生了明显的变化, 用这种葡萄酿造的葡萄酒。

(五) 按饮用方式分类

1. 开胃葡萄酒: 在餐前饮用, 主要是一些加香葡萄酒, 酒精度一般在 18% 以上。我国常见的开胃酒有"味美思"。

2. 佐餐葡萄酒: 同正餐一起饮用的葡萄酒, 主要是一些干型葡萄酒, 如干红葡萄酒、干白葡萄酒。

3. 待散葡萄酒: 在餐后饮用, 主要是一些加强的浓甜葡萄酒。

(六) 按酒精度分

一般的葡萄酒酒精度不是很高, 最常见的干白和干红葡萄酒的酒精度一般为 11%~13%, 如果你看到有酒精度为 13% 的干红, 不要犹豫, 立即买回去好了, 因为对于此类葡萄酒, 酒精度能达到 13%, 绝对是极品。

四、葡萄酒酿造工艺流程

成熟葡萄采摘→破碎→葡萄汁发酵(将葡萄糖转化成酒精的过程和固体物质浸取过程)→葡萄原酒→贮藏→陈酿(澄清处理、稳定处理)→葡萄酒

五、葡萄的品种

1. 赤霞珠：原产法国，是法国波尔多（Bordeaux）地区传统的酿制红葡萄酒的良种，是有君王之尊的红色葡萄品种。我国于1892年首先由烟台张裕公司引入，是我国目前栽培面积最大的红葡萄品种。该品种由于适应性较强，酒质优，因而世界各葡萄酒生产商均作为干红葡萄酒的主栽品种，但它必须与其他品种调配（如梅鹿辄等），经橡木桶贮存后才能获得优质葡萄酒。由熟透的葡萄酿制的色泽很深的赤霞珠酒经常有一种薄荷或雪松的气味，同时伴有桑葚、黑樱桃或巧克力的味道。

2. 蛇龙珠：这种名贵的葡萄酒原料新品种是由张裕独创，在世界上绝无仅有，在国内也只有在烟台大规模种植，近年来才在全国大范围推广。它是赤霞珠的姊妹系，所酿制的干红葡萄酒香气浓郁，酒体壮实、丰满，充满活力。蛇龙珠具有大雨过后青草的味道，是目前国内最好的酿酒葡萄品种。

3. 品丽珠：原产法国，为法国古老的酿酒品种，世界各地均有栽培，是赤霞珠、蛇龙珠的姊妹品种。我国最早是1892年由西欧引入山东烟台，目前主要产区均有栽培。该品种是世界著名的、古老的酿红酒良种，它的酒质不如赤霞珠，适应性不如蛇龙珠。

4. 霞多丽：原产法国，1980年由法国引入，目前山东、河北、河南、陕西和新疆等地都有栽培。所酿之酒浅黄色，果香浓郁，柔和爽口，是生产陈酿型干白葡萄酒的名贵品种。

其他还有还有梅鹿辄、西拉、黑比诺、雷司令、白玉霓、长相思等葡萄品种。

六、葡葡萄酒的营养成分与保健功能

1. 葡萄酒是有生命的饮料酒，含有600多种成分，主要有单宁、酒精、糖份、酒酸等。葡萄酒是有生命的，"愈陈愈香"不适用于葡萄酒。单宁含量决定葡萄酒是否经久耐藏。单宁高的耐久存，单宁低的要尽快喝掉。葡萄酒装瓶后透过木瓶塞与外界空气交换而不停变化，它的生命周期是浅龄期—发展期—成熟期—高峰期—退化期—垂老期。葡萄酒过了高峰期就无法饮用了。它的生命周期是浅龄期—发展期—成熟期—高峰期—退化期—垂老期。

2. 葡萄酒中含有丰富的营养成分，主要是各种糖类、有机酸类、无机盐、微量元素，含氮物质及多种氨基酸、维生素类等。从营养学的角度看，是理想的营养性饮料酒。不仅如此，红葡萄酒中的有些成分，具有明显的保健功能，所以红葡萄酒还是最好的保健性饮料酒。

葡萄酒中的白黎芦醇是一种多酚类化合物，它具有多种保健和医疗功能：具有抗动脉粥样硬化、冠心病、缺血性心脏病及高血脂症的作用；具有明显的抗氧化、

清除自由基、抗衰老作用；具有抗血小板凝集、抗血栓作用；具有抗癌、抑制肿瘤的作用。

红葡萄酒中还含有丰富的 VC、VB_1、VB_6、VB_{12}、VH、VDP 等，这些维生素都具有保健功能，是维持正常人体代谢所不可缺少的。葡萄酒酸度接近胃酸（PH 2~2.5），因此，葡萄酒作为佐餐佳品，还能帮助蛋白质的消化和吸收。如果饭前适量饮用葡萄酒，还可以促进胰液素的大量分泌，从而增强胃肠道对食物的消化吸收。

七、葡萄酒的常识

1. 世界葡萄酒主要产地国：法国、意大利、西班牙、美国、智利、澳大利亚、南非等。

2. 葡萄种植的纬度限制：北纬 30~52 度，南纬 15~42 度。中国的山东省与法国波尔多酒区纬度一样。

3. 决定葡萄酒好坏的 6 大因素：葡萄品种、气候、土壤、湿度、葡萄园管理和酿酒技术。

同样的葡萄，如果种在山坡上就与山脚下不同，海拔上升则温度下降，采摘时间就得延后。另外，阳光照射时间也很重要，太少则酸，太多则甜。法国政府规定的葡萄从开花至采摘间的日照时数为 1300 小时。土壤不同，质量也不同。土地越贫瘠，葡萄酒越好；土地肥沃则葡萄含糖量过高。湿度也重要，看的见河流的地方才能酿出好酒。法国葡萄酒之所以最好，是因为法国在上述 6 大因素上的具备天赐优厚的条件。

4. 葡萄酒的年份是指该葡萄酒使用哪一年收获的葡萄酿造的，葡萄酒瓶标注的如"95 蛇龙珠"，是指酿制葡萄的采摘年份，也就是说这瓶酒的酿造葡萄是 95 年份收获的葡萄。

八、红葡萄酒的软木塞及开启方法

1. 用开瓶器上的小刀，在瓶口下方凹处，把热缩帽切开，撕掉，露出软木塞，用抹布擦净。

2. 将螺旋开瓶器的尖端，对准软木塞的中央插入，笔直地旋转，拧进软木塞里。

3. 将开瓶器前端的杠杆支点，顶在瓶口上，靠杠杆原理拔起软木塞。用食指和大拇指把木塞捏住，拔出。

4. 用布把瓶口抹净。可以倒出红葡萄酒。有经验的酒侍，拔出软木塞后要闻软木塞的味道，观看软木塞的形状，以判断瓶装葡萄酒的质量。

九、葡萄酒的饮用

(一)饮用顺序

1. 香槟和白葡萄酒饭前作开胃酒喝,红白葡萄酒佐餐时喝,白兰地在饭后配甜点喝。
2. 白葡萄酒先喝,红葡萄酒后喝。
3. 清淡的葡萄酒先喝,口味重的葡萄酒后喝。
4. 年轻的葡萄酒先喝,陈年的葡萄酒后喝。
5. 不甜的葡萄酒先喝,甜味葡萄酒后喝。

(二)饮用温度

1. 白葡萄酒:10°C~14°C
2. 桃红葡萄酒:12°C~14°C
3. 红葡萄酒:10°C~20°C
3. 起泡酒:8°C~12°C

(三)菜肴搭配

总原则是红酒配红肉,白酒配白肉。

1. 干白酒:口感清爽,酸度高,最常用来当餐前酒,或搭配前菜中的生蚝等蚌壳类的海鲜。主菜方面以清淡的蒸、烤鱼类,或水煮海鲜最对味。味道浓一点的酒,可以配简单的鸡肉或猪肉。乳酪方面则可以试试酸度高的羊奶乳酪。因为白葡萄酒中的酸味可以去腥味,增加口感的清淡。

2. 红葡萄酒:比较适合搭配的菜肴有生肉、羊肉、鸭肉等。采用煎、炸、烧、炒烹饪方法所做的辛辣或者浓香味的肉类菜品特别适合与干红葡萄酒搭配。涩度越高的红酒,越适合味道重的红肉。

十、酒庄酒与其他葡萄酒的区别

酒庄酒和普通葡萄酒的区别,形象点说就像"小锅菜"与"大锅菜"的区别。而酒庄酒又受到原料、工艺等因素的影响。普通的葡萄酒是"七分原料、三分工艺",而真正的具有个性化的酒庄酒,对原材料的要求更加苛刻。在工艺上,顶级酒庄酒一般以手工酿造为主,现在也多采用现代工艺、设备,而且有一流的酿酒师。为保证品质的纯正,每个酒庄都有自己秘而不宣的工艺秘诀。这些原料、工艺上的完美主义,使酒庄酒的酿造成本十分昂贵,也促使了酒庄酒动辄上百美元的高价位。

任务七　送团服务

任务目标

1. 能根据客人行程的安排，提前落实好返程交通票据。
2. 能通过查阅资料，了解如何处理游客不满情绪的处理。
3. 能通过查阅资料，掌握海关相关知识。
4. 能通过查阅资料，掌握交通票据相关知识，顺利将客人送团。
5. 能为客人致送行辞。
6. 能主动获取有效信息，展示活动成果，对学习与工作进行总结反思，能与他人合作，与客人进行有效沟通。

课时安排

6课时

任务描述

10月5日，西安旅游团将结束他们的烟台之旅，乘坐HU7862次航班11:20在蓬莱潮水机场登机返回咸阳机场。作为地陪，你应该做好送团服务的哪些工作？

任务分析

参观完张裕酒文化博物馆后直接就送团去机场，游客将乘坐HU7862航班离开。地陪应做好票据、行李、退房等服务工作，致欢送辞，协助办理离站手续，与游客告别。

任务实施

根据班级人数,将学生分为4~6人一组。以小组为单位认真阅读任务描述,获取信息,进行分析,完成客人送团任务。

一、送团前的服务

1. 交通票证的确认

旅游团离开本地的前一天,地陪要检查、核实旅游团离开本地所采用的交通方式是否订妥,票证是否齐全。确认无误后,地陪还要弄清楚旅游团离开本地的时间,做到计划时间、时刻表时间、票面时间、问询时间四核实,并注意在哪个机场(车站、码头)启程等事项。如果航班(车次、船次)时间有变更,应向内勤或计调问清是否已通知下一站接待社,以免造成漏接。

同步案例

小王是一位有8年带团经验的老导游了,谈起自己曾经差点误机的一个团,至今记忆犹新。那是一个美国长线团的最后一天,游客要在早上9点乘美国西北航空公司的飞机回国。前一天的晚上他们才从外地飞回北京,入住饭店的时候,已经是夜里12点了。

小王知道国际航班要提前一个半小时到两个小时赶到机场。出于好心,想多留出一点时间让这些游客休息,就决定第二天早上7点出发。她想,路上用半个小时,提前一个半小时到机场是足够了,自己以前多次送过这个航班的游客,也没迟到过。这时司机提醒小王,7点出发是不是晚了点儿,小王满有把握地说"没事!"但第二天真的出了事儿,机场大厅里的人摩肩接踵,挤得水泄不通,等到小王把游客送进去已经接近8点了。

过了几天,外方来了投诉,说我方把游客送晚了,害得他们差一点儿没赶上飞机。原来,美国西北航空公司已经改为提前一个半小时到3个小时办理登机手续,游客来到柜台时,手续已经停办,结果费了好大的力气才让他们登上飞机。出了这样的事情,游客们当然会有强烈的不满。

分析点评

本案例中地陪是好心想让劳累的游客能多休息,没想到险些误机。究其原因,是地陪过分相信自己的经验而没有做好票务确认的细节工作。

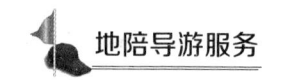

2. 提醒行李托运相关事宜

地陪要向游客讲清楚托运行李的具体规定和注意事项，如每人限带的行李重量、体积、件数；由游客自行办理行李托运但是地陪应给予协助；提醒游客不要将身份证件及贵重物品放在托运行李内；托运行李必须包装完善、锁扣完好、捆扎牢固，并能承受一定的压力；禁止托运的物品要取出等。

3. 商定出发时间

由于旅游车司机对于交通路况比较熟悉，地陪应先与旅游车司机商定出发时间，然后征求全陪或者游客的意见，最后通知所有游客集合出发的时间及地点。地陪要向游客强调准点出发的必要性，否则将直接影响到赶飞机、火车或轮船。

一般来说，地陪带领旅游团到达机场（车站、码头）应当留出足够的空余时间，具体要求是：出境航班提前 2~3 小时，国内航班提前 1.5~2 小时，火车和轮船提前 60 分钟。本次任务应在 10:00 集合出发，到达机场约为 11:20 左右。

4. 做好提醒和结算工作

地陪要在旅游团离开前一天的晚上或当天，提醒游客尽早与饭店结清有关自费账目，如客房电话费、客房迷你吧酒水费、洗衣费等。如果游客损坏了饭店的设备，地陪应协助饭店妥善处理赔偿事宜。与全陪办理好结算手续，并妥善保管好单据。

5. 及时归还证件

一般情况下，地陪不应保管旅游团的证件，如果临时要用，应当场收取，用完后立即归还游客本人或全陪。在出发的前一天，地陪也要检查自己的物品，查看是否仍然保留游客的证件、票据等，若有要立即归还并当面清点。

二、离店服务

1. 行李运输和托运

出发前，酒店行李部门按约定时间收取游客托运的大件行李，并存放在酒店行李部。待旅游车或行李车到达时，与酒店行李员、全陪及行李车行李员统一清点行李数量，核实无误后签字，然后照看行李装车，交付行李员送往机场。

如因出发时间较早，为避免第二天出行李时出现问题，可要求游客在前一天晚上收拾好行李，或在前一天晚上就出好行李，寄存在酒店总台。

2. 团队退房

地陪要按照约定时间（一般要留出富余时间）在酒店大堂集合游客；然后逐个房间收取房间钥匙，待收齐后交到前台，办理退房手续；等候酒店客房部查房；同时协助酒店和游客处理在此阶段出现的各种问题；待全部房间查房完毕并签署退房单后，带领游客离店。

3. 集体登车

待游客在预定时间内到齐后，地陪向游客指示旅游车的停靠位置，在旅游车门前迎接游客登车，同时清点人数。上车后，地陪协助游客放好随身行李。等游客全部登车后，再次与全陪清点人数。旅游车开车之前提醒游客查看个人证件、重要财物及行李物品是否全部带齐，有没有遗忘。确定无误后，征得全陪的同意，请司机开车。

三、送行服务

1. 沿途导游、致欢送辞

在赴机场（车站、码头）途中，地陪可先进行沿途导游，也可介绍游客未参观的本地其他著名景点和景观。然后，地陪应对旅游团在本地的行程包括吃、住、行、游、购、娱等方面做一个概要的回顾，目的是加深游客对这次旅游经历的体验，讲解内容可视途中距离远近而定。

即将抵达送站地点时，地陪要向全体游客致欢送辞。致欢送辞的关键是要掌握好时间和情感，既动之以情又娱之于乐。欢送辞的内容主要包括以下五个方面：

感谢语——对全陪、游客及司机的合作分别表示谢意；

惜别语——表达友谊和惜别之情；

征求意见语——向游客诚恳地征询意见和建议；

道歉语——对行程中有不尽如人意之处，请求原谅，并向游客赔礼道歉；

祝愿语——期望再次重逢，表达美好祝愿。

例如：

欢送辞一

朋友们：

大家好！

我们的车马上就要到达蓬莱潮水机场了，中国有句老话叫"相见时难别亦难"，在此即将告别之际，更加让我感到友谊的分量，短短的几天我和大家建立了深厚的感情和友谊。

在短短的四天时间里，虽然时间有限，但我们的行程安排得既紧凑又丰富多彩。几天的时间里，我们游览了烟台山景区、张裕酒文化博物馆、蓬莱阁景区、刘公岛甲午海战博物馆，同时，观赏了精彩的神游华夏表演，品尝了张裕葡萄酒、八仙宴等名菜佳肴，购买了具有烟台地方特色的旅游纪念品，可谓高兴而来、满意而归。

可以说大家的这次烟台之行是一次愉快、顺利、有意义的旅游，而此次旅游的成功，是在全体游客和全陪的大力协助、互相帮助和努力下的结果。在此，我代表接待旅行社、代表为大家服务了几天的驾驶员师傅对各位的热情合作和帮助，表示衷心的感谢。同时，对于我们工作中出现的不足也请大家给予指正和谅解。

朋友们，我们的相处是有限的，但友谊是长久的，"送君千里，终有一别"，我殷切地期望大家能再次到烟台来观光旅游，并能有机会再次为大家提供导游服务。我相信，当大家再次来烟台的时候，烟台会变得更加美丽。好了，最后祝大家身体健康、旅途愉快、合家欢乐、万事如意。机场就要到了，请大家带好所有的行李物品和我一起下车。

欢送辞二

各位游客朋友：

大家好！

每个人的一生都有无数的第一次，每一个第一次都令人难以忘怀。四天前大家第一次踏上四川这片神奇的土地，第一次听我导游，第一次随我走进了著名的童话世界九寨沟和天下瑶池黄龙。四天来我们共同感受了大自然的瑰丽，共同亲历了藏羌民族文化的神秘。尽管是走马观花、浮光掠影，尽管一路风尘、一身疲惫，但毕竟在我们的脑海中留下了许多感性的认识，成为人生一次难得的经历。各位游客，现在的一切都将成为过去，过去的一切终将成为最好的回忆。愿我们永远铭记这紧张充实、多姿多彩的四川之行。

现在，我们不得不说再见了。感谢四天来大家对我工作的支持和理解，诚恳地欢迎大家对我工作不周到的地方提出批评和建议，也祝愿大家返程愉快，扎西德勒！俗话说："两山不能相遇，两人总能相连。"我相信我们一定会有相逢的一天！再见了，朋友们！

欢送辞三

各位朋友！

我们的旅程马上就要结束了，我也要跟大家说再见了。临别之际没什么送大家的，就送大家四个字吧。首先第一个字是"缘"，缘分的缘。俗话说："百年修得同船度，千年修得共枕眠。"和大家五天的共处，算算也有千年的缘分了！第二个字是原谅的"原"。在这几天中，我有做的不好的地方，希望大家多多包涵，在这里说声对不起了！再一个字就是圆满的"圆"，此次行程能够圆满地结束，多亏了大家对我工作的支持和配合，在此说声谢谢了！最后一个字还是"源"，财源的源，祝大家财源滚滚犹如滔滔江水连绵不绝。在此我也祝大家：工作好，身体好，今天好，明天好，现在好，将来好，不好也好，好上加好，给点掌声好不好！

致完欢送辞后，地陪可发放"游客意见反馈表"（亦可在前一天发放，见表7-1），请游客填写。

表 7-1　意见反馈表

尊敬的游客：
　　欢迎您参加本旅行社组织的团队出外旅游，希望此次旅游能为您留下难忘的印象。为不断提高我们的旅游服务水平和质量，请您协助我们填写此表（在每栏其中项里打"√"），留下宝贵的意见。谢谢您！欢迎再来旅游！
　　组团社：　　　　　　　　全陪人数：
　　团号：　　　　　　　　　人数：
　　游览线路：　　　　　　　天数：
　　游客代表姓名：　　　　　联系电话：
　　单位：　　　　　　　　　填写时间：　　年　　月

内　容	满意	较满意	一般	不满意
线路设计				
日程安排				
活动内容				
全陪导游服务				
地陪导游服务				
住宿安排				
餐饮安排				
交通安排				
娱乐安排				
购物安排				
整体服务质量评价				
游客意见与建议	签名＿＿＿＿＿＿			

2. 抵达机场（车站、码头）

旅游车到达机场（车站、码头）后，地陪应提醒游客带齐所有随身行李物品，照顾游客下车。待全团游客下车后，地陪要再检查车内有无游客遗落的物品。请旅游车司机清理车厢，约好等候时间与地点。

3. 送别工作

带领游客进入机场大厅，进行行李检查打包；请全陪收取所有游客的身份证件，办理登机牌和行李托运手续；将机票、身份证、登机牌、行李托运单清点后交给全陪；带领游客安检，当全部游客都进入隔离区后，挥手告别，离开机场。

如果是送火车、轮船，地陪应等车（船）启动后方可离开。

4. 与司机结账

送走旅游团后，地陪应与旅游车司机结账，在用车单据上签字，或者收取用车发票，并保留好单据。

任务评价

表 7-2　地陪送团服务评价表

第＿＿＿＿组　组长＿＿＿＿				
内　　容		分值/分	自我评价	小组评价
送团前的服务	交通票据的确认	8		
	提醒行李托运相关事宜	8		
	商定出发时间	8		
	做好提醒和结算工作	8		
	及时归还证件	5		
离店服务	行李运输和托运	8		
	团队退房	8		
	集体登车	8		
送行服务	沿途导游、致欢送辞	20		
	抵达机场（车站码头）	5		
	送别工作	10		
	与司机结账	4		
总评（星级）				
建　　议				

送团服务基本要求：

1. 送团前的服务要仔细、周到。
2. 离店服务热情有序。
3. 送行服务善始善终。

星级评定：

★（59分及以下）　★★（60~69分）　★★★（70~79分）

★★★★（80~89分）　★★★★★（90分及以上）

任务拓展

案例分析一

导游小任是这次华东五市旅游团队的地陪，此团一路上磕磕碰碰，虽然出了些小问题，但总算有惊无险。在去上海火车站的路上，小任开始致欢送辞，想起这些天发生的事感慨颇多，于是口若悬河地讲起自己带这个团的心情、游客的表现等。正当他讲得起劲时，突然有个声音冒出来："导游你不是说就说两句话吗？你啰唆了快10分钟了！"小任非常尴尬，赶紧结束了欢送辞，心里也很委屈。

请分析：为什么小任的欢送辞不受欢迎？

案例分析二

游客不满情绪的处理

游客的不满可能由下列因素引起：一是对导游服务不满意。这就要求导游在服务上做到热情周到，在讲解上要增加力度和深度，尽量满足游客"合理而可能的要求"。二是对宾馆、饭店、旅游车、景点等接待服务的不满。这就要求旅行社采购相关协作产品的时候，应该以"质量第一，价格第二"观念为指导，尽可能采购优质产品。三是游客自身期望值过高，参观游览后感到失望。这就要求旅行社在宣传旅游产品时一定要实事求是，不要随意承诺，不能夸大其词，避免把旅客的期望值抬得过高而产生消极影响。

消除游客消极情绪的方法主要有转移注意法、补偿法和分析法。转移注意法是指导游有意识地去调动游客的注意力，促使他们的注意力从一个对象转移到另一个对象；补偿法是指从物质或精神上给予补偿，从而消除或弱化游客的不满情绪；分析法是指将游客消极情绪的原委讲清楚，一分为二地分析事物的两面性及其与游客的得失关系。

导游常见的情绪状态自我调节的方法有：想象控制法、想象演习法、联想矫正法、姿态矫正法、全神贯注法、矛盾取向法、延缓反应法、自我强化法、补偿调节法、宣泄调节法、深层分析法、自我暗示法、放松训练法、简易入静法等。

遭到客人辱骂怎么办

四月的一个周末，导游小李接了百事通旅行社的一个到海驴岛一日游的散拼团。

客人比较分散，需要分五站来接站。第一站在开发区，早晨6:50分有15个客人上车。因为时间的原因，旅行社的计调芳芳在开发区接到15位客人，安排客人上了车，跟司机老孙讲明白剩下四站的接站地点后就离开了。

小李在第二站芝罘区的工人文化宫接到17位客人后，等老孙的车来了就上车。在预定时间7:20的时候，小李和芝罘区的17位客人在文化宫站点眼睁睁看着车号为鲁F92717的旅游大巴车呼啸而过。

"车子开过了！车子开过了！"客人喊道。小李马上给司机老孙打电话，电话显示拨打的电话正在通话中。小李马上给芳芳打电话，芳芳说已经告诉司机老孙在工人文化宫接第二站了。无论怎样拨打老孙的电话，始终处于通话中。芳芳说司机的电话昨天就不太好，昨天跟他沟通出发时间时，打了十几遍才接通。

情急之下芳芳查到了第一站上车的一个客人的电话号码，并给了小李，小李拨通车上客人的电话后，客人说车子开到了少年宫，司机说在少年宫接第二站的客人，司机让小李带着客人走过去。少年宫距离文化宫有三站的距离，第二站的客人中有三个小孩子，并且客人大包小包带了很多零食，根本走不了那么远，小李就请司机返回来接客人。

小李将客人带到远离马路的广场上，并且安抚客人不要着急，三站路的距离不远，大巴车应该很快返回。结果半个小时过去了，大巴车还是见不到影子，客人都不耐烦起来。小李又拨打司机电话，但还是处于通话中，没办法又拨通车上那个客人的电话，车上客人说司机在振华购物中心等第二批客人。小李强压住心头的怒火，加了客人的微信，将自己的位置定位发给了司机。度秒如度小时，第二站的客人开始骂娘了，骂司机是傻子，怎么连烟台最基本的路都不知道。南大街是烟台最主要的城市中心街道，而文化宫又是南大街上的主要站点，司机竟然连这个最基本的站点都能搞错。又过了十几分钟，车子还没有来。微信里车上的客人说马上到了，马上到了。

结果整整一个小时过去了，车子才缓缓驶过来。只有三站路的距离，司机整整转悠了一个小时！

趁车子还没靠稳，小李抓紧时间安抚第二站的客人："司机也不容易，他不是故意的，大家一定要忍耐原谅他，因为接下来的行程还要他来提供，千万不要弄僵了关系。"客人听了这话，感觉有道理，就都不做声了。哪知道刚一上车，小李就接到第三站客人的电话，一上来就破口大骂："导游你是人吗？你连路都不知道吗？你害的司机在路上转悠一个小时等你，你要脸不？"小李一听肺都要炸了，这是干嘛，我做错什么了，为什么要来指责我？明明是司机不认识路走错了，怎么变成我不知道路指挥错了？正要辩解，客人就挂了电话。

小李委屈的眼泪都要流下来了。她忍不住大声喊道："什么人啊，什么素质。凭什么骂我！导游也是人，导游就应该挨骂吗？更何况不是我指挥错了路，是司机不知道路走错了，跟我有什么关系？"司机一声不吭，第一站上车的客人也都拉着脸，一脸不高兴的样子。小李越想越委屈，越想越难过，就掏出电话打给旅行社经理，大声地诉说了自己的委屈，并且要求下车，表示不能继续带团了！旅行社经理听了也很气愤，表示马上打电话给车队经理，要求车队处理司机老孙。第二站上车的一个大姐看不下去了，说了一句公道话："导游你别生气，刚才你在等车时做得很好，你没有错！别生气了，大家都出来旅游，不要搞坏了心情。"一些客人听到小李的控诉和不满，都感觉气氛被破坏了，也都生气地嘟囔，一天的好心情被搞没了！这时车队经理也打来电话安抚小李。

小李冷静下来，想想自己刚才没有控制好自己的情绪，实在有些不应该。想想事情的经过，一般是司机明明不知道工人文化宫和少年宫的区别，不知道振华购物中心和振华国际广场的区别，却在车上告诉第一站上车的客人，是旅行社导游告诉错了接站地址，客人不明白真相，只觉得自己在车上转悠了一个多小时还没有走出市区，就很恼火。其中一个女士就把这个事情告诉了第三站等候的客人。第三站等候的客人素质又不高，就打电话对小李破口大骂。

小李想到这里，就问司机为什么说自己告诉他错的地址，为什么要撒谎？司机不作声。小李想到没有必要跟司机纠缠下去，没有必要分个对错，毕竟还要去景点参观。于是就调整自己的情绪，面对客人讲解起来。

返程的时候，一个四岁的小朋友喊小李老师，小李就很奇怪，问她为什么喊自己为老师？小朋友说："因为别人骂你，你还给他们提供服务。我妈妈说这样的人是老师。老师必胜！"看着小朋友纯真的笑脸，小李觉得自己的委屈没有白受。

下团以后，小李反思今天的工作表现，觉得虽然将旅游团顺利地带了下来，但是在刚上车的时候，自己没有控制好情绪，言语有些激动，这是不应该的。从这件事情中小李得到一些经验，作为导游，第一要知识渊博，有过硬的基本技能，让客人挑不出自己的毛病；第二要有常人做不到的忍耐，要有宽广的胸怀，不斤斤计较言语的刺激；第三要做到在任何情况下，不管受了多大的委屈，都要坚持做好自己的本职工作。

实战操练

撰写一篇具有个人特色的欢送辞，并在班上进行讲解。（设定客人来自北京）

知识链接十三

客运知识

一、航空客运知识

1. 民航的运输飞机主要有三种形式

（1）班期飞行。按照班期时刻表和规定的航线，定机型、定日期、定时刻的飞行。

（2）加班飞行。根据临时需要在班期飞行以外增加的飞行。

（3）包机飞行。按照包机单位的要求，在现有航线上或以外进行的专用飞行。

航班是指飞机自始发站起飞，按规定的航线经过经停站至终点站，或直接到达终点站的飞行。它包括定期航班和不定期航班、国际航班和国内航班、去程航班和回程航班。

班次是指在单位时间内（通常用一个星期计算）飞行的航班数（包括去程航班与回程航班）。

2. 航空公司代码

自 2002 年起，我国民航实施资源重组，组建了三大航空公司，即中国国际航空公司、中国东方航空公司和中国南方航空公司。

中国国际航空公司（Air China）	代码：CA
中国东方航空公司（China Eastern Airlines）	代码：MU
中国南方航空（集团）公司（China Southern Airlines）	代码：CZ

其他还有：

中国北方航空公司（China Northern Airlines）	代码：CJ
中国西南航空公司（China Southwest Airlines）	代码：SZ
中国西北航空公司（China Northwest Airlines）	代码：WH
东方航空公司（China Eastern Airlines）	代码：MU
厦门航空公司（Xiamen Airlines）	代码：MF
山东航空公司（Shandong Airlines）	代码：SC
上海航空公司（Shanghai Airlines）	代码：FM

国际航空公司

港龙航空公司（Dragon Air）	代码：KA
大韩航空公司（Korean Air）	代码：KE

韩亚航空公司（Asiana Airways）　　　　　　　　　　　　代码：OZ
日本航空公司（Japan Airlines）　　　　　　　　　　　　代码：JL
全日空公司（All Nippon Airways）　　　　　　　　　　　代码：NH
新加坡航空公司（Singapore Airlines）　　　　　　　　　 代码：SQ
美国西北航空公司（Northwest Airlines）　　　　　　　　代码：NW
美国联合航空公司（United Airlines）　　　　　　　　　 代码：UA
英国航空公司（British Airways）　　　　　　　　　　　 代码：BA
德国汉莎航空公司（Lufthansa German Airlines）　　　　 代码：LH
法国航空公司（Air France）　　　　　　　　　　　　　 代码：AF
马来西亚航空公司（Malaysian Airlines）　　　　　　　　代码：MH

3. 机票有关事项

(1) 购票。旅客购买机票，须出示有效证件。如国内居民，须出示本人身份证或其他有效身份证件，外国旅客、华侨、港澳台同胞购票，须凭有效护照、港澳居民往来内地通行证、台湾同胞旅行证明或公安机关出具的其他有效身份证件。购买儿童票、婴儿票，应提供儿童、婴儿出生年月的有效证明。机票只限票上所列姓名的旅客本人使用，不得转让和涂改，否则机票无效，票款不退。国内、国际机票的有效期均为一年（包机票、打折票除外）。

(2) 电子机票。作为信息时代纸质机票的一种替代产品，电子机票是目前世界上最先进的客票形式。它依托现代信息技术，实现无纸化、电子化的订票、结算和办理乘机手续等全过程，给旅客带来诸多便利并为航空公司降低成本。对于旅客来讲，它的使用与传统纸质机票并无差别。购买电子机票的全过程都可以通过互联网在异地完成，无需再到柜台去付款、取票。乘客在线购买成功后，会得到一个电子票号，在机场凭该电子票号和有效证件到值机柜台换取乘机凭证，并可在值机柜台获得报销凭证。

(3) 儿童票。已满2周岁、未满12周岁的儿童按成人全票价50%购票，不再享受其他优惠，如有儿童票价更低的折扣，可按照最低票价购买。未满2周岁的婴儿按成人全票价的10%购票，不单独占一座位。每一成人旅客只能有一个婴儿享受这种票价，超过的人数应购买儿童票，提供座位。

(4) OK票和OPEN票。国际票按状态的不同可分为OK票和OPEN票两种。凡是确定好座位的机票，都被称为OK票。旅客持有确定好座位的机票，即可按上面的日期和航班号登机启程。OPEN机票是相对OK机票而言的。凡是机票上的没有确定起飞具体时间，即没有订妥座位的有效机票，都被称为OPEN票。也就是说，购买机票而未预订座位，是不能登机的。OK要办理座位再证实手续，OPEN要办理办理订座手续。

(5) 客票遗失。旅客遗失客票，应立即以书面形式向航空公司或其销售代理人申请挂失。在申请挂失前，客票如已被冒用或冒退，航空公司不承担责任。

(6) 客票变更、退票。旅客购票后，如要求变更航班、日期、舱位等级，须在该航班规定离站时间48小时前提出。客票只能免费变更一次。旅客在客票上列明的航班规定离站时间24小时（含）以前要求退票，收取客票价5%的退票费；在航班规定离站时间24小时以内至2小时以前要求退票，收取客票价10%的退票费；在航班规定离站时间前2小时以内要求退票，收取客票价20%的退票费；误机的旅客要求退票，收取客票价50%的退票费。持国际航班机票的旅客只限在原购票地点或经航空公司同意的地点办理退票。团队优惠票和特价票一般不予变更和退票。

4. 乘机的有关事宜

(1) 乘机时间。旅客应当在航空公司规定的时限内到达机场，凭客票及本人有效身份证件按时办理乘机手续。停止办理登机手续的时间，为航班规定离站时间前30分钟。

(2) 办理登记手续。旅客凭机票、个人有效证件（居民身份证、护照、团队签证等）办理乘机手续，工作人员发给旅客登机卡，上有旅客姓名、具体座位号。旅客凭此卡再从指定登机口登机。如有随机托运行李，还发有行李票，到目的地后，旅客凭行李票领取行李。

(3) 安全检查。在乘机前，旅客及其行李必须经过安全检查。拒绝检查者不能登机。

(4) 航班不正常服务。因航空公司的原因，造成航班延误或取消，航空公司应免费向旅客提供膳宿等服务；由于天气、突发事件、空中交通管制、安检和旅客等非航空公司原因，在始发站造成的延误或取销，航空公司可协助旅客安排餐食和住宿，费用应由旅客自理。

(5) 伤害赔偿。航空公司对每名旅客死亡、身体伤害的最高赔偿限额为人民币70000元。

(6) 旅客保险。旅客可以自愿向保险公司投保国内航空运输旅客人身意外伤害险。此项保险金额的给付，不免除或减少航空公司应当承担的赔偿限额。

5. 客机的型号

世界各航空公司客机的型号比较多，主要由两个国家生产的，一种是美国的波音飞机，型号都7××；一种是法国的空中客车，型号都是A3××。还有一些中国、加拿大、巴西、俄罗斯产的小飞机。

6. 行李的有关事项

（1）随身携带物品。持头等舱客票的旅客，每人可随身携带两件物品；持公务舱或经济舱客票的旅客，每人只能随身携带一件物品。每件物品的体积不得超过20厘米×40厘米×55厘米，上述两项总重量均不得超过5公斤。超过规定件数、重量或体积的物品，要按规定作为托运行李托运。

（2）免费行李额。持成人票或儿童票的旅客，每人免费托运行李的限额为：头等舱40公斤，公务舱30公斤，经济舱20公斤。持婴儿票的旅客无免费行李额。

（3）不准作为行李运输的物品。旅客不得在托运行李或随身携带物品内夹带易燃、爆炸、腐蚀、有毒、放射性物品、可聚合物质、磁性物质及其他危险物品。旅客乘坐飞机不得携带武器，如管制刀具、利器和枪支等。

（4）不准在托运行李内夹带的物品。旅客不得在托运行李内夹带重要文件资料、有价证券、货币、贵重物品、易碎易腐物品以及其他需要专人照管的物品。航空公司对托运行李内夹带上述物品的遗失或损坏，按一般托运行李承担赔偿责任。

（5）行李赔偿。托运行李如发生损坏或丢失，属航空公司责任的由航空公司负责赔偿。赔偿限额每公斤不超过人民币50元。按实际托运重量计算。

（6）行李声明价值。托运行李每公斤价值超过人民币50元时，可以办理行李声明价值。航空公司收取声明价值附加费。声明价值不能超过行李本身的实际价值。每位旅客的行李声明价值最高限额为人民币8000元。如此项行李损坏或丢失，航空公司按声明价值赔偿，若行李的声明价值高于实际价值的，按实际价值赔偿。

二、铁路客运知识

（一）旅客列车的种类

我国列车根据运行速度、运行范围、设备配置、列车等级及作业特征等基本条件的不同，主要分为以下几类：

1. 高速动车组旅客列车，也就是G字头列车。高速动车组旅客列车指运行于时速250公里及以上，在客运专线上运行的动车组列车，列车开行最高速度达到250公里/小时至300公里/小时。

2. 城际动车组旅客列车，也就是C字头列车。城际动车组旅客列车指在城际客运专线上运行，以"公交化"模式组织的短途旅客列车，列车开行最高速达到250公里/小时至300公里/小时。同行情况下，G字头列车与C字头列车，在使用的车辆上，在运行速度上都是一样的。

3. 动车组旅客列车，也就是D字头列车。动车组旅客列车是指运行于既有铁路线的动车组列车，列车开行最高速度达到200公里/小时。

4. 直达特快旅客列车，使用的是蓝白相间的25T型列车，现在很多都被刷成绿色。列车由始发站开出后，沿途不设停车站，即（一站）直达终点站的超特快旅客列车，列车运行速度最高可达 160 公里/小时。

5. 特快旅客列车，T字头的列车，很多也是使用了25型旅客列车。特快旅客列车是目前我国铁路运营线上运行速度较快的旅客列车，区间运行速度最快可达 120 公里/小时。特快旅客列车有跨局运行和管内运行之分。

6. 快速旅客列车，K字头的列车。快速旅客列车的运行速度仅次于"直达"和"特快"旅客列车，一般区间运行速度为 100 公里/小时，快速旅客列车也分跨局运行及局管内运行之分。

7. 普通旅客列车，是老的绿皮车，车次一般都是4位数字。普通旅客列车可分为普通旅客快车和普通旅客慢车，又可分为直通的和管内的普通旅客列车。列车的运行速度一般在 100 公里/小时以下。

8. 通勤列车。为方便沿线铁路职工上下班（就医、子女上学）而开行的旅客列车。中国铁路通勤列车车次排在普客车次之后、货物车次之前，为 7601~8998。此类列车通常具有独立的编组和比较固定的专门乘务人员。绝大部分列车每日开行。编组较小，通常编组在 2~8 节之内。

9. 临时加开旅客列车，一般以L开头，依据客流的需求或特殊需求（救灾），临时增开的旅客列车。

10. 旅游列车，依据旅游客流的需求，在大中城市和旅游点之间不定期开行的旅客列车，其车次前冠以"Y"符号。

(二) 车票

1. 车票

车票是旅客乘车的凭证，包括客票和附加票两种。客票分为软座、硬座；附加票分为加快票、卧铺票。身高 1.2~1.5 米的儿童，享受半价客票（以下简称儿童票），超过 1.5 米时应买全价票。每一成人旅客可免费携带一名身高不足 1.2 米的儿童。超过一名时，超过的人数应买儿童票。

2. 学生票

在普通大专院校、军事院校、中小学和中等专业学校、技工学校就读，没有工资收入的学生，家庭居住地和学校不在同一城市时，凭附有加盖院校公章的减价优待证的学生证（小学生凭书面证明），每年可享受四次家庭至院校（实习地点）之间的半价硬座客票、加快票（以下简称学生票）。新生凭录取通知书、毕业生凭学校书面证明可买一次学生票。

下列情况不能享受学生票：学校所在地有学生父或母其中一方时；学生因休学复学、转学、退学时；学生往返于学校与实习地点时；学生参加夏令营或其他社会实践活动。

3. 退票

开车前 15 天（不含）以上退票的，不收取退票费。所谓 15 天（不含），即要在开车前 360 个小时（15×24 小时）以上；在开车前 48 小时至 15 天以内退票的，收取票价 5% 的退票费；开车前 24 小时至 48 小时以内退票的，收取 10% 退票费；开车前 24 小时以内退票的，收取 20% 退票费。

地陪导游服务

任务八　后续工作

任务目标

1. 能在送走客人后，完成后续的工作。
2. 能通过查阅资料，了解如何处理游客的不满情绪。
3. 能通过查阅资料，掌握海关相关知识。
4. 能自主完成导游工作总结的填写。
5. 能主动获取有效信息，展示活动成果，对学习与工作进行总结反思，能与他人合作，圆满完成带团任务。

课时安排

6课时

任务描述

西安旅游团结束了烟台之旅，有位李先生委托你转交一份资料给烟台的老同学，作为地陪，你应该怎么做？

任务分析

送走旅游团后，一般的善后工作包括：处理遗留问题，结清账目、归还物品，总结带团经验。在本任务中，如果允诺客人转递，则要注意按照转交物品的规范程序将游客的物品转交给接收人。

任务实施

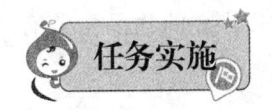

根据班级人数，将学生分为4~6人一组。以小组为单位认真阅读任务描述，获取信息，进行分析，完成带团的后续任务。

一、处理遗留问题

下团后，地陪应按照有关规定妥善、认真地处理团队的遗留问题。旅游团可能发生的主要遗留问题有：游客遗忘物品、伤病游客滞留、游客委托购买、游客转交物品、游客投诉等。本任务中，临行前，团队中的李先生委托办理资料转交。此时地陪要联系转交的对象，将资料尽快转交给对方，并请接收者开具收条并签字盖章，将收条与委托书一并交给旅行社保管。

二、结清账目、归还物品

地陪应按照旅行社的具体要求，在规定的时间内填写清楚有关接待和财务结算表，连同保留的各种单据、接待计划、活动日程表等，按规定上交存档，并到财务部门结清账目。如果在带团过程中发生了意外开支，地陪要详细注明增加原因及处理过程。

地陪应将出团时借的一些物品，如社旗、扩音器等及时归还，办清手续。

三、总结带团经验

及时总结是保证导游服务质量不断提高的重要手段。总结的方式包括书面总结和口头总结两种。刚担任导游工作的人员或者接待VIP团队的导游，应该就此次带团情况写出详细的书面总结交给旅行社领导审核。如果带团过程中出现了重大事故或严重服务缺陷，地陪也要写出书面的专题总结向领导汇报。在书面总结中，应写清楚主要开展的服务工作、游客对各方面接待服务的反映和个人感受。总结报告应当力求准确真实，涉及游客意见时尽量引用原话实事求是地说明本次带团的基本情况。其他情况下，地陪可以口头向有关业务领导进行总结。

除以上的总结外，地陪在下团之后，还应对自己本次带团过程中各方面的表现做一次回顾，看自己对哪些问题的处理较为妥当，值得总结经验；哪些方面做得不够好甚至较差，应该吸取教训，及时改进提高。

假如游客要求导游为其转递物品，地陪要问清是何物，若是应税物品，应促其纳税；若是贵重物品，一般要婉拒；无法推托时，应请游客书写委托书，注明物品名称和数量并当面点清，签字并留下详细通讯地址；收件人收到物品后要写收条并签字盖章；地陪要将委托书和收条一并交旅行社保管。游客要求转交的物品中若有食物，地陪应婉拒，请其自行处理。

任务评价

表 8-1　地陪后续工作评价表

第　　　组	组长		
内　　容	分值/分	自我评价	小组评价
处理遗留问题 / 处理游客遗忘物品	10		
处理遗留问题 / 伤病游客滞留	10		
处理遗留问题 / 游客委托购买物品	10		
处理遗留问题 / 游客委托转交物品	10		
处理遗留问题 / 游客投诉	10		
结清账目、归还物品 / 财务结算表	10		
结清账目、归还物品 / 各种单据	10		
结清账目、归还物品 / 带团物品	10		
总结工作 / 书面总结	10		
总结工作 / 口头总结	10		
总评（星级）			
建　　议			

后续工作基本要求：
1. 妥善处理遗留问题。
2. 及时结清账目、归还物品。
3. 总结详尽。
4. 个人反思到位

星级评定：
　★（59分及以下）　★★（60~69分）　★★★（70~79分）
　★★★★（80~89分）　★★★★★（90分及以上）

任务拓展

案例分析

每次下团回旅行社结账对导游小夏来说都是一件痛苦的事情，一堆的票据、签单算得他头晕，而且很少一次就能算得准、对上账，气得旅行社的会计总批评他，每到这时候小夏都很委屈道："我又不是学会计的，我对数字不敏感，让我再算一遍吧！"

请分析：小夏说得对吗？你如何对待结清账目工作？

实战操练

练习写一篇陪同小结。

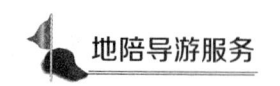

附 录

知识拓展一

驴妈妈旅游网

驴妈妈旅游网是中国领先的新型 B2C 旅游电子商务网站。2008 年驴妈妈旅游网获得了包括携程网联合创始人 CEO 范敏、资深天使投资家杨振宁、分众传媒副总裁钱倩等在内的多位投资人的首轮投资,2009 年 8 月又吸引数千万风险投资基金,2010 年 12 月再次获得红杉资本和鼎晖创投的联合投资。迄今为止驴妈妈创造了多个业内奇迹,并迅速成长为中国最大的景区预订及资讯平台,继携程网旅行等成功开创的"机票+酒店"旅游预订模式后,驴妈妈开创的"景区票务+网络营销"模式正引领中国旅游电子商务步入新时代。

基于"散客时代"中国旅游市场的现状和趋势,驴妈妈旅游网以景区票务方式为切入点,融合景区"精准营销"和"网络分销"的需求,使景区以"零投入"的方式拥有了自己的门票网上预订平台;根据"自由行"游客的行为特征,驴妈妈通过电子商务便捷、优惠及个性化的定制服务,满足了"自由行"游客的需求,最终成为国内最好的自由行产品设计和自助游服务平台及景区整合营销平台

截止到目前,3000 余家国内景区加盟驴妈妈,并展开一系列景区票务分销和在线营销合作。合作景区中 AAAA 及以上评级约有 1000 家。作为中国最大的景区票务分销电子商务平台,驴妈妈已经成为中国景区实现门票网上预订的最佳合作网站。

讨论:随着"散客旅游时代"到来,很多针对自助旅游的网站如雨后春笋般出现在大众面前,他们为游客提供酒店、门票、交通等各方面服务。旅行社如何应对这些旅游网站带来的挑战?

知识拓展二

烟台山的传说

站在烟台市区的制高点——毓璜顶上，俯瞰烟台，会发现它很像一只展翅飞翔的燕子，一头拱进了北海碧波之中。那燕子头便是烟台山。人们都说，烟台因烟台山而得名，而烟台山又是明朝皇帝朱元璋为了防御倭寇而设立的烟墩台，每当海患出现的时候，就在那里放起狼烟来，借以报警。

烟台名字的由来，还与烟台山上的一块刻着"燕儿台"的石头有关。关于"燕儿台"，有各式各样的传说，都跟燕子有些关系。

传说很早很早以前，烟台山下住着一户渔民。一家三口，恩爱夫妻外加个胖小子，生活虽说艰难，可也温饱无虑、温馨自在。谁知天有不测风云，渔人出海打鱼，被漫天的巨浪吞噬了性命。女人痛不欲生，哭瞎了眼睛。

大海铸造了海边女人刚强的性格，瞎妈妈硬是吃糠咽菜把儿子拉扯大了。儿子不仅出息得模样英俊，而且练就了过硬的本领。海上能使八面风，陆上能开八石弓。更可贵的是一双火眼金睛，不管是风平浪静，还是浊浪排空，他都能一眼看出来，水底下有没有鱼、有多少鱼、是哪一种鱼，只要他把网投下去，保准网网不会落空。谁都愿意跟着他出海打鱼，因为船上有他这样一双"神眼"。小伙子从此没了名字，人们只叫他"神眼"。

老人们都说，神眼其实有两双眼睛，一双是他自己的，在海水中泡大的；还有一双是妈妈的，是在苦水中泡大的。有了这样一双眼睛，不光鱼鳖虾蟹逃脱不了，就是披上蟒袍玉带的乌龟王八蛋，也会让他一眼撕下画皮来。

"神眼"因此得罪了东海龙王。在诸海龙王之中，东海龙王位置最尊、权势最大。玉帝封他为"群龙之首"，特赐给他一颗火种。有了这颗火种，不管是北海龙王还是西海龙王，都得向东海龙王俯首听命。这理由很简单，水火不相容。龙王虽能翻江倒海，戏水作浪，可在烈火面前则一筹莫展。既然把那火种吹得神乎其神，诸龙王也就只能闻火而颤栗，称东海龙王为大哥了。

"神眼"却不买账。每天驾着小船遨游在东海之上，对龙王那些虾兵蟹将、鱼族子民都是照捕不误。这且不说，还对东海龙王好大不敬。龙宫里的那些宝贝哪个不是珠光宝气？可让"神眼"一看，便鄙夷不屑："什么宝贝呀？不全是些蛤皮蛸须吗？"海边的人对龙王崇拜之至，"神眼"不以为然："他哪里是什么神？哄骗众人的饽饽吃就是了。哪年春天他不去找山神婆鬼混？他兴妖作怪是老没正经，你们还要给他磕头。"一双雪亮的眼睛看穿了东海龙王的伪善，东海龙王决定来惩罚这个"神眼"。

　　他兴风作浪了，搅得周天寒彻。那一阵紧似一阵的狂风，呼啸着向岸上袭来，掀起了一排高似一排的浊浪，排山倒海般地往岸上压过来。"神眼"的小船哪里抵得住这如此神力，便在风雨中飘摇。凭着"神眼"的本事，巨浪汹涌倒可以应付，就是那料峭的寒意受不了，"神眼"不由得瑟瑟发抖了。

　　这情景让一只玉燕儿大动恻隐之心。这玉燕儿大有一点来历。它原来在玉皇大帝廊庑之下，不知经过几千几万年，修炼成一个美丽端庄而又妩媚多姿的姑娘。东海龙王上天述职，一眼瞥见了，就厚着脸皮向玉帝讨要，玉帝自然就赏赐了他。岂料这玉燕当真冰清玉洁，居然不识抬举，不肯跟那东海龙王做那苟且之事。东海龙王一怒之下，便将玉燕儿贬作使女。

　　玉燕儿心灵手巧，居然很快在东宫成了女红巧匠。这且不说，她还因为善解人意，博得了东海龙王的老相好——山神婆的欢心。山神婆喜欢燕子轻手轻脚的，落地都悄没声的，决不会惊动她与东海龙王的好事，就硬从龙王那里讨走了燕子姑娘，充当了婢女。

　　然而，东海龙王还是冷酷地弄瞎了她的眼睛。这不仅因为东海龙王要维护自己"尊长"的脸面，他的风流韵事落入婢女的眼睛总会有人戳脊梁骨的。还因为他实在让燕子姑娘那双眼睛弄得焦躁不安，以致他搂着山神婆时，眼前都闪着燕子姑娘的俊眼。

　　东海龙王正搅动腥风血雨要致"神眼"于死地的时候，山神婆带着燕子来了。失明的燕子凭感觉知道跟龙王正在恶斗的人实在太了不起了，不仅武艺超群，而且胆量过人。一会儿浊浪把"神眼"推到了浪巅，"神眼"像个威风凛凛的大将军傲然屹立；一会儿，巨浪一下子又把"神眼"压进浪谷，四周的浪山马上就要倾倒，立即就会埋葬"神眼"，可"神眼"却稳操木舵，借着浪坡再次跃上浪尖，燕子姑娘心醉了，她跟"神眼"灵犀相通，越发使"神眼"如同浪中的海燕。

　　但可惜，东海龙王的凛冽寒气逼住了"神眼"，"神眼"发起抖来——幸亏，这时山神婆的妖冶令东海龙王春心大作，他迫不及待地要与山神婆幽会了。机会难得，燕子姑娘急急去看望"神眼"。

　　两个命运相似的人，用不了好多话语就心心相印了。"神眼"说："东海龙王真坏，他把许多大石头埋在浪底下，专门对付打鱼的人。船碎了，人落了海，好喂他的虾兵蟹将。"燕子说："他坏我早就知道，只可惜，我的眼睛瞎了，不然，我一定站在这里，告诉过往渔船，一定别触礁石！""神眼"感激地握住了燕子姑娘的手："你的心太好了，我把我的眼睛给你，你会成为来往船只的保护神的。"

　　燕子姑娘十分作难："你把眼睛给了我，那你怎么办？不就跟妈妈一样了吗？"

"神眼"说:"我不要紧,反正我快……龙王是不会让我活下去的,他是口里眼里一齐往外冒寒气的。""不要紧!"燕子姑娘斩钉截铁地说:"我去偷!偷他的火种。火种一点,哼!他再兴风作浪也没用了!""那怎么行?龙宫的东西能随便偷?何况还是玉皇大帝赏赐的神物!""我不管。为了你,我甘心粉身碎骨。"

后来,燕子姑娘果然把火种偷了出来。东海龙王厌倦了山神婆之后,再次兴妖作怪,正在大逞淫威时,忽见后方升起了狼烟,烟尘滚滚,遮天蔽日。他的寒意一扫而光。

直到现在,烟台仍旧是中国北方极难得的不冻港,无论寒流如何袭击,仍不见坚冰封海,就因为当初燕子姑娘窃来的这一把火。现在这一把火仍在烟台山上烧,只是凡人俗眼看不见罢了。火种被窃,龙王告了御状。燕子被拿住,要解往天庭问罪。她对着海边遥喊:"神眼哥哥!永别了!"声音十分凄厉,连塔山都随着一起落泪。

"神眼"出现了。一见燕子姑娘被铁镣缠身,痛不欲生,忙喊:"等一等!我给你眼睛——"。天兵天将哪里肯等?他们如虎似狼地推搡着燕子姑娘上路。燕子一下挣开那些天兵天将,张开双臂扑向了自己的心中人。天兵天将的头头托塔李天王慌忙抛下了宝塔镇压。这下子可好,"神眼"和燕子都立即变成了石头。"神眼"就是今天的芝罘岛,燕子就成了今天的烟台山,所以烟台山的真名是燕儿台。

燕儿台今天有高大的现代化灯塔,其实,在老辈子,那里就有一明一灭的灯火。那是燕子姑娘在眨眼睛。

知识拓展三

八仙过海——各显神通的故事

一天,八仙从蓬莱驾云去参加神仙会,路过东海。吕洞宾说:"驾云过海,不算仙家本事。咱们不如用自家的拿手本领,踏浪过海,各显神通,你们看好不好?"众仙都说:"好!"

铁拐李第一个过海。只见他把手中的拐杖抛入东海,拐杖像一叶小舟,浮在水面上,载着铁拐李平平安安地到达了对岸。

这时,汉钟离拍了拍手里的响鼓说:"看我的。"随后,也把响鼓扔进了海里,他盘腿坐在鼓上,稳稳当当地渡过了东海。

张果老笑眯眯地说:"还是我的招数最高明。"只见他掏出一张纸来,折成了一头毛驴,纸驴四蹄落地后,仰天一声长叫,驮着张果老踏浪而去。张果老倒骑在驴背上,向众仙挥挥手,一会儿就到了对岸。接着,吕洞宾、韩湘子、何仙姑、曹国舅也都用身边带的东西作渡船，一个个平平稳稳地渡过了东海。

七位仙人到了对岸，左等右等不见蓝采和的人影。原来刚才八仙过海时，惊动了东海龙王的太子，他派虾兵蟹将抓走了蓝采和，还抢去了他的花篮。

吕洞宾找不到蓝采和，又急又恼，他对着东海大声喊道："龙王听着，赶快把蓝采和交出来，要不，当心我的厉害！"太子听了勃然大怒，冲出海面大骂吕洞宾。吕洞宾拔出宝剑就砍，太子一下子潜入了海底。吕洞宾哪肯放走他，拔出腰间的火葫芦，把东海烧成了一片火海。龙王吓得魂不附体，忙问出了什么事。太子只得老老实实地讲出了事情的真相。龙王立即下令放了蓝采和。

八位仙人告别了东海，逍遥自在地去赴神仙会了。

知识拓展四

海神娘娘的传说（天后宫）

相传在宋朝初年，福建省蒲田县海边的一个小渔村，住着一户姓林的渔民，生得一男一女。女儿在农历三月二十三日出生后，月余不会啼哭，父母便起名"默娘"。她自幼好学，聪明过人，八岁从师读经，过目成诵，闻一知十。虽生长在渔村，却偏吃素食，从不杀生吃荤，猪羊鸡鸭、鱼虾蟹贝，一概不食，只吃五谷杂粮、鲜果蔬菜，特别喜食海藻菜类，饮雨雪露水，虽体态纤弱，却水性极好，潮汐气象不学自通。她为人心地善良，乐于助人。风浪天，独驾小舟，为渔家抢险排难，救死扶伤。深受渔家村人的爱戴。

一天，默娘的父兄出海打鱼，她和母亲正在家做饭，天气突然变了，天空黑云翻滚，大风骤起，巨浪翻涌，雷雨交加，正在烧火的默娘却恍似沉沉睡去。母亲见她睡中咬紧牙关，蹙着双目，手扒脚蹬，一副拼命挣扎的状态，非常吃惊，"默娘、默娘……"连喊数声，她也不醒，便使劲推她几下，她才猛然醒来，连叫"不好、不好！"母亲惊问："我儿，出了何事？"女儿戚然应道："刚才女儿梦见父、兄在海里翻船落水，女儿手拉着哥哥，口咬着爹爹，正向岸边拼命游来，母亲突然推我，不由得张口'啊'了一声，似把爹爹丢了，只救得哥哥。爹爹怕是凶多吉少了。"说完，泪珠涟涟。母亲急道："我儿不要胡思乱说，时候不早，快去海边看他们回来没有？"默娘刚要出门，只见哥哥浑身是水，万分悲痛地进门，扑倒在母亲面前，哭诉道："我和爹爹正在拖网捕鱼，天气突变，海面风大浪高，爹爹砍断网缆，我们摇橹加棹，紧急收港，可风越刮越大，两三个巨浪就把船掀翻了，我们一摔进风浪窝里，不大一会就浑身无力，游不动了。这时就觉得有人拽着我的衣服往岸上拖。开始爹爹和我还在一起，不知什么时候，爹爹不见了。天黑了，我上了岸，到处找爹爹也未找到，只得回来。"默娘妈哭得死去活来，全家人披麻戴孝，送走了爹爹。

母亲知道女儿不是"凡人"。"默娘救亲"的故事也慢慢地在渔村传播开来。许多船家渔民想起往日遭风遇难，总好像有灯引路、有人推送，遂得脱险平安，便议论猜测，那必是默娘所为，纷纷前往拜谢，祈求保佑。一时门庭若市，消息传遍沿海及诸岛，惊动地方官府。天机一经泄露，默娘自知将不久于人世，便对哥哥道出实情："我本是东海龙王之女，脱离龙宫，下凡人世，为的是济危救难。现在人皆知我，凡身便再难生活于世上。近日，我多次梦游神往北方一处宝地，意在那里留居升天，便我济难助人，普救众生，望兄助我！"

于是，兄妹驾一小舟，沿漫长海岸线，晓行夜宿，朔北而上。渡过长江口，穿越连云港，开进胶州湾，却不见宝地踪影，驶过"天尽头"，进了龙须湾，不是意中的佳处；看过养马岛，驻足芝罘山，观望烟台山，亦非仙山良居。船过老爷山，远望黄渤海交汇处的一列群岛上空，紫光笼罩，瑞气缭绕，峰峦清幽，岩洞陡峻，松柏参天，修竹茂密。默娘虽未到过此地，却好像似梦中所见、旧日所想的仙山佳处。兄妹急忙赶进群岛，环游数岛，但见居中一小岛，仿佛是一只巨大的五彩的凤凰静卧水中。默娘轻移莲步，登上仙境，但见岛上云遮翠岭，雾障清峦，曲水流响如韵，松竹碧绿欲滴，特别是站在那"凤凰"的脖子上，前后两山夹一川，左右海水分两色，格外清丽敞亮。抬头望，天空透清碧蓝；看脚下，海水平镜墨绿。放眼四周，东有南、北长山岛，西邻大、小黑山岛，北对一线排列着的猴矶、铓琅诸岛礁，南望远山的蓬莱大陆，群岛环抱这一辽阔的海湾碧塘，可锚泊成千上万船只而不受风掀浪涌之扰，岛礁之间尚有五六个海域通道，伸向四面八方，广连五湖四海。这一天然良港福湾更是普渡众生、保佑南来北往船只免遭劫难的好地方。

福祗选定，默娘向兄长道别："哥哥快回老家，代我在母亲面前多尽孝道。我虽不在你们身边，但魂灵永随左右。今后，你们有啥急难之事，只要喊我三声，我会即到相助。我在此宝岛良湾，坐守黄渤海要道，外通五湖四海，静心致志为船家渔民排险解难，随我终生宿愿。"说完便闭目静坐，不吃不喝，无声无息，打坐三日，化为一尊石像。远近船家渔民闻讯，齐聚小岛，焚香烧纸，顶礼膜拜。积极响应倡导者，纷纷捐金集资，建造一座庙宇，供奉着默娘的石像，尊为海神娘娘。从此，神庙名扬四海，传遍神州。小岛也因此叫做"庙岛"，这里就是现在的山东省长岛县庙岛。

北宋宗宣和四年（1122年），福建的商会名士不远万里追寻而来，在庙岛重修了娘娘神庙——天后宫，精塑娘娘金身。

海神娘娘升天以后，乘风踏浪，灵游四海，普救众生。哪里有难，她便哪里显灵；哪里遭灾，她便哪里出现。娘娘显灵救难，家喻户晓。海难中求助于娘娘，更是人们战胜劫难的一种精神力量，四海船家无不对海神娘娘虔诚恭敬。传说最多最广的当数海难中"娘娘赐灯"保佑的故事。每当狂风肆虐、恶浪排空、天海难分、黑暗无边的危难时刻,船只遇难,只要连喊三声:"娘娘保佑!"那船头的不远处准有一盏红灯,仿佛是娘娘擎灯引路,船头前面即刻闪开一条金光平静的海水通道,跟着红灯走,沿着金光行,总能化险为夷,安全抵达海岸,就是再大的风浪也保准平安无事。在无数海岛渔村里,更有"娘娘歌舞镇风浪"的传说。每当海上风起浪涌、海难天灾临头、船只遇险未归之际,渔村老少便拥向海边,跪拜滩头,焚香烧纸,为出海亲人祈保平安,高声喊着:"娘娘保佑!"海神便乘风驾云,赶到海边,轻声吟唱,翩翩起舞,说来也怪,海神的歌声传开,风便悄悄地息了;海神的裙裾飘过,浪便慢慢地平了,海上的亲人便好生生地回岸归港了。

类似的传说故事数不胜数,在船家渔民中,祖祖辈辈,延绵不断,越说越多,越传越广,越讲越神。在长岛县的北五乡镇,至今仍有健在的老人,能活灵活现地讲述当年亲身经历过的海难中得到娘娘的救助和为亲人祈祷而受到娘娘的荫护而平安脱险的真实故事。这也正是天后宫建庙以来,历朝各代,一修再修,四海船家、八方渔民对海神娘娘顶礼膜拜、近千年香火不断的缘故。

知识拓展五

"狗咬吕洞宾,不识好人心"的来历与典故

吕洞宾是中国古代神话传说中的"八仙"之一,据说历史上确有吕洞宾这个人,关于"狗咬吕洞宾,不识好人心"这句民间俗语还有一个久远的故事。传说吕洞宾是个挺有钱的商人,但他乐善好施,经常帮助穷苦人做一些好事,因此四乡八邻都比较敬重他。

有一年冬天,吕洞宾外出时碰到一个十八九岁的青年人,在风中冻得瑟瑟发抖。吕洞宾见后起了恻隐之心,便上前询问青年人为什么在露天挨冻。青年人告诉他自己名叫苟咬,本是个读书人,只因为前不久家里突遭一场官司,父亲蒙冤被打死,母亲气死,家里的一些房地财产全部被没收走了,只剩下自己孤零零一个人流浪在外,整日挨冻受饿,已经几天没有吃饭了。吕洞宾看这个叫苟咬的年轻人斯斯文文,像个读书人,就说让苟咬跟他到自己家里去,管吃管住,供他读书。这苟咬听了大喜,当即跪谢恩人,跟吕洞宾走了。

吕洞宾把苟咬接到家里以后,不要他做任何事,只要他每日潜心读书,以图皇榜高中,将来有个好前程,左邻右舍看了都说吕洞宾待苟咬胜过自己的亲生儿女。这苟咬也真争气,埋头苦读,整日大门不出,学问也是日渐长进,这样不觉过了一年,眼看就要临近赶考了。这一天,吕洞宾家来了一个客人,姓林,是吕洞宾的老

朋友，很久没来他家了。吕洞宾自然是热情款待客人，好酒好肉都摆上。姓林的朋友见到苟咬后，因为不认识，所以向吕洞宾打听。吕洞宾便将苟咬的情况一一说给他听。林姓朋友听后对苟咬的家境遭遇和发愤攻读学问既同情又赞赏，加上看苟咬长得眉清目秀、一表人才，料想将来必有出息，心里便喜欢上了他。他便找吕洞宾商量，说愿意将自己的女儿许配给他，不知可否答应？吕洞宾心里想让苟咬读书，现在考试在即，谈婚论嫁怕苟咬分心，着实不想答应。但不好驳朋友的面子，只得推诿说要问苟咬本人。姓林的朋友觅婿心切，当即拉着吕洞宾找到苟咬，当面问他是否愿意。苟咬一听有这等好事，哪有不愿意之理，便满口答应。吕洞宾这下无话可说了，又不能反悔。眼看考试就差两个月了，万一苟咬因贪恋床第之欢，误了前程，岂不是前功尽弃？左思右想觉得还是要想办法阻止苟咬成婚。于是吕洞宾把苟咬叫到一边，说成婚可以，但必须答应自己的一个条件，就是新婚的头三天苟咬不准进洞房，而要秉烛读书至天亮，而自己则顶替苟咬守在洞房监督。吕洞宾原想用这条件让苟咬放弃成婚念头，谁想苟咬成婚心切，居然也答应了。吕洞宾只能答应在赶考前让苟咬成婚了。婚事办得非常热闹，排场很大。待新郎新娘拜过天地之后，吕洞宾张罗着送走了客人，便把苟咬叫到书房去读书，自己则进了洞房，坐在桌前，看起书来。新娘子隔着红头巾本来就看不清新郎的面容，进了洞房后坐在床上，想等着新郎来掀开红头巾一起安歇，共享新婚之乐。谁知眼前这"新郎"竟不近前，自己是个女性又不好意思主动去拉，于是，这新婚之夜就这样过去了。

第二天、第三天还是这样过的。到了第四天晚上，吕洞宾对苟咬说："你可以进洞房了，但切莫因贪床第之欢而误了读书前程。"苟咬答应后，随即入洞房与新婚妻子团聚。而新娘正为这几天来的事百思不得其解，见了这位年青英俊的青年与这几天晚上自己隐隐约约看到的"新郎"不是同一个人，非常惊奇，苟咬便将事情的前因后果讲了一遍，新娘也将这三天晚上的事说了出来，两人这才恍然大悟，明白吕洞宾是一片苦心，真的盼望苟咬能考试一举成名。当下两人非常感动，苟咬发誓要抓紧时光攻读，考个好功名，妻子也表示要全力支持丈夫考试。

转眼赶考的日子就到了。苟咬不负众望，考了个殿试第三名。没多久就接到委任状，被派往外地做官。行前，苟咬要吕洞宾跟他一起去，也好享享福。吕洞宾说："我有家业财产，一生无忧，你刚上任，还是要先干自己的事业，我不会跟你去。"苟咬见劝不动吕洞宾，只得自己带着妻子去上任。临别时再三交待，有什么急难事一定要来找我。两家人挥泪而别。正所谓天有不测风云，苟咬走后一年多，吕洞宾家里突发一场大火，把家里的所有财产全部烧了个精光。一家人先是靠亲友接济度日，到后来亲友们也不愿搭理他了，生活实在难以维持下去。这天，吕洞宾的妻子跟他商量，说我们以前资助苟咬读书，让他功成名就、升官发达，现在我们遇了难，不如去找他借点钱来起本做生意。吕洞宾先是不肯去，怕人家笑话，但顶不住生活压力，只得勉为其难去找苟咬借钱。走了十几天的路程，终于找到了苟咬家。见恩人到来，苟咬很是高兴，忙设宴款待。席间，吕洞宾把自家这两年的变故说了给他听，并委婉地提出要借点钱，为家里建房和做生意作本钱。苟咬听了，不说借也不说不借，只是招待他喝酒吃肉，到处游玩，天天如此。这样的日子过了有两个月，吕洞宾想着家里妻儿老小无吃无住，心急如焚，再也歇不住了，于是有一日他来个不辞而别，自己回家。一路上，吕洞宾想想自己曾经那么慷慨地救助苟咬，而现在苟咬则无情无义，不肯帮他，心里止不住很气愤，路上逢人便讲苟咬的事，听的人无不指责苟咬无情无义，不报答好心人。

待回到家里，吕洞宾惊奇地发现：自家原来被烧毁的房屋土地上竟然盖起了一栋新房，比自家原来的老屋漂亮多了。吕洞宾不知是谁家的新屋，不敢进去。忽然听到新屋里有哭声，似乎有人在喊他的名字。他试探着近前一看，只见前厅里放着一副棺材，而跪在棺材前哭着的正是自己的妻子和儿女。吕洞宾赶紧上前去问是谁去世了？不料妻子一见他吓得大惊失色，连问他是人是鬼？吕洞宾追问原由，待妻子镇定下来，两人将各自分别后的情况说了起来。原来，自吕洞宾离家后，家里生活非常艰难。过了约20天，忽然来了群人，不由分说，在他家的旧房宅地上建起了新房，前天刚完工，昨天又来了几个人，抬着一副棺材，说里面装的是吕洞宾，几天前刚死，是得霍乱而死，不能开棺，抬进新房里就走了。妻子想着家里的悲惨遭遇，忍不住大哭，没想到吕洞宾却安然无恙地回来了。吕洞宾想着奇怪，要儿女们找来铁斧，打开棺材，只见里面放了一只坛子，坛子里面是满满的一坛银子，还有一张纸条。吕洞宾拿起一看，上面写的是四句话：苟咬不是负心郎，路送多银家盖房，你让我妻守空房，我让你妻哭断肠。原来这是苟咬在暗中帮助吕洞宾时附带了一个小小的玩笑。这个故事传开后，因为"苟咬"的谐音，便有了"狗咬吕洞宾，不识好人心"这句俗语，至于是谁"不识好人心"，读者们自会体味。

知识拓展六

秦始皇三次东巡与徐福入海求仙

秦始皇统一中国以后，曾三次大规模巡视山东沿海地区，三次均经过徐福故里——秦齐郡黄县（今山东省龙口市）。秦始皇东巡的目的，除向全国"以示强威，服海内"，宣扬他统一四海的功德、巩固中央集权外，主要是为了寻找三神山，求取长生不老药，借助药物使自己永年不死，以永远统治中国。

秦始皇第一次东巡山东，是在公元前219年。这一次，秦始皇在泰山举行完封禅大典后，率领群臣经历下（今山东省济南市）和齐故都临淄（今山东省淄博市临淄区），沿着渤海南岸东赴黄县（今山东省龙口市）。在黄县停留期间，秦始皇召见了徐福。徐福奉命陪同秦始皇登莱山、祭月神。秦始皇一行人离开黄县之后，经福山县（今山东省烟台市福山区）到达山东半岛最东端的成山头（今山东省荣成市境内）。

在返回的路上，秦始皇等人登上了芝罘岛（今山东省烟台市芝罘区境内），然后南行前往琅琊郡，并在那里住了三个月。就在秦始皇畅游琅琊的时候，徐福等人上书说渤海中有三神山，名叫蓬莱、方丈、瀛洲。山上宫中住着许多仙人，还珍藏着一种人吃了可以长生不老的奇药，他愿求取献给始皇帝。秦始皇正盼望着能吃上长生不老药，于是很高兴地批准了徐福的请求，命他带着许多金银财宝入海求取仙药。据说徐福第一次出海求仙，因风大浪急失败而归。他回来对秦始皇说："臣在海中遇到海神，告知他来此求取延年益寿药，海神嫌礼薄，只准参观不许取药。臣在蓬莱山见到灵芝生成的宫阙，宫中住着许多仙人，个个健康长寿、光彩照人，于是臣再拜道：'用什么样的礼品来献才能得到仙药？'海神说：'以美好童男童女和各种工匠用具作为献礼，就可以得到仙药了'。"秦始皇听后，遂命徐福征发童男女、工匠用具往求仙药。

秦始皇第二次东巡山东，是在公元前218年的春天。这一次，距上次东巡时间不到一年。秦始皇虽然在途中遭到韩国贵族张良派遣的刺客的伏击，但他仍按计划经黄县直赴芝罘，然后再次住进琅琊行宫。这次因徐福入海求仙未归，秦始皇没有拿到长生不老药，最后只好先返回咸阳。

秦始皇第三次东巡山东，是在公元前210年。这次巡行的路线是由南向北，最后到达琅琊行宫。这时，徐福闻讯秦始皇驾临琅琊，急忙从家乡赶来面见秦始皇。徐福从第一次入海求仙到现在已有十年时间，耗资巨大，始终没有求得仙药。为了逃避惩罚，他只好向秦始皇说，长生不老药本来可在蓬莱仙山求得，只是水神派大蛟鱼守护无法近前取药，请皇帝增派一些射箭能手同去。秦始皇求药心切，当即批准了徐福的请求，命他选拔童男女、各种工匠、弓箭手等入海求取仙药。秦始皇为了给徐福求仙扫清道路，他一面派人带着捕鱼工具入海捕捉大蛟鱼，一面自己带上连发的弓弩准备与大蛟鱼搏斗。秦始皇一行乘船从琅琊港出发，经荣成成山头前往芝罘。一路上没有什么发现，直到临近芝罘才看见一条大鱼。

秦始皇将大鱼射杀以后，西航至黄县北海岸的黄河营港。在此作短暂停留后，秦始皇等人乘船继续西行，至莱州湾西岸的厌次县（今山东省阳信县东南处）上岸。在返回咸阳的路上，秦始皇病死于沙丘平台（今河北省平乡县境内），年仅五十三岁就离开人间，至死也没吃上长生不老药。徐福送走秦始皇以后，带领着童男女和五

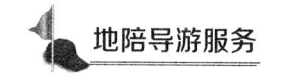

谷百工入海求仙，随之，东渡日本。

知识拓展七

栖霞牟氏庄园牟二黑子

　　山东烟台栖霞以前可不是什么富裕的地区，交通不便，信息不畅通，烟台所有的县市区只有栖霞不靠海，以前都说"臭鱼烂虾，送到栖霞"。但是栖霞就有一点，这里土壤肥沃，现在的烟台苹果就是指的栖霞苹果。中国人每吃四个苹果，其中有一个就是栖霞的。当然在以前栖霞也很有名气，那就是栖霞出了个大财主——牟二黑子，当时都说"男方出了个刘文采（四川），北方有个牟二黑"。牟二黑到底有多少地呢？现在给大家讲个"肥水不流外人田的故事"。

　　牟家发家靠地，牟家也像一般的地主一样，"靠着大斗进小斗出"，"没粮换租拿地来顶"来集聚财产的，可是地再多也得有人种啊，几百万亩地，自己家里十几个人能种过来吗？还是得靠老百姓，牟家人从来都说给人一口饭吃，给人一条活路，这样的话，乞丐不来捣乱了，自己安宁了，老百姓饿不死，又有人给自己干活了，这叫积财，也叫积德。所以当时远近都来讨饭，从青岛、潍坊都来，当时都说"黄县有上好的房，栖霞有足够的粮"。

　　有这么一天，一个穷乞丐来到了牟家门前，"爷啊，给口饭吃吧，可怜可怜我吧"就开叫了，这一天，管家的心情也不大好，冲着要饭的就说："吆喝什么？丧门东西。""滚！滚！滚！"这讨饭的不干了，说："我一没伤你，二没惹你，你凶什么？打发有打发的说法，不打发有不打发的说法，凭什么骂人？"于是两个人越吵越凶，快要动起手来了，这时候牟家主人出来了，说到："吵什么吵？人家一个外地人，来到你家门口要口饭吃，不容易，去拿点干粮来。"又开导管家说："人家吃了咱的饭，粪便不还是留在咱们的地里吗？"这要饭的听了心里很不自在，心想，别的权利我没有，难道去个大号我还自己说了不算吗？我偏偏不上你家地里。

　　乞丐赌气头不回地就往西南走，走到傍晚，忍不住了，问路边的老汉这是谁家的地？老汉回答："牟家的"。他就赌气又走了一程，一打听知道这还是牟家的地，这乞丐无奈叹了口气：牟二黑呀，牟二黑，你的地哪里算是个边呢？算是输给你了。从这一点就可以看出，牟家的地有多多了。那他到底有多少地呢？据说鼎盛的时候有超过6万亩地、超过12万亩的山峦。

　　牟家的产业有这么发展，经历过不少磨难的。牟家从来都相信，一定要读书。他们的祖先是湖北人，是读书人，调到了栖霞来做主簿，那时候穷得一年回家都没有盘缠。几代之后，儿孙兴旺，在家里办起了学堂。终于牟家人经过勤奋的学习，在朝廷和各地为官了，牟氏家族开始兴旺。牟家的几代兴旺有很多的理念，比方都说富不过三代，上辈有钱了下代就不务正业，类似我们现在的富二代了，但是牟家主张做大做强，还有就是高风险高回报。有一年栖霞闹饥荒，牟家自己家存了多年的粮食没有了，就从关东贩粮过来，一路又是土匪又是海难，老百姓都很感激他，牟家的财富也由四位数到达了五位数。另外就是善于管理土地，比方说收多少租子、雇多少人干活等。里外善于理财，会处理各种关系。比方说捐钱买官防止政府的敲诈，支援国家、求得官府的保护，满足乞丐的需求，防止土匪抢劫等。

知识拓展八

昆嵛山的故事：金蝉化真人

昆嵛山，是道教主流全真派圣地，横亘烟台、威海两地。主峰泰礴顶，海拔922.8米，为半岛东部最高峰。方圆百里，巍峨耸立，万仞钻天，峰峦绵延，林深谷幽，古木参天，多有清泉飞瀑，遍布文物古迹。北魏史学家崔鸿在《十六国春秋》里称昆嵛山为"海上诸山之祖"。

昆嵛山为烟台境内最高山，历来有"仙山之祖"美誉，相传仙女麻姑在此修炼，道成飞升。这里还是全真教的发祥地，王重阳与其弟子北七真在此创教布道。山中烟雾缭绕，霞光映照，别有洞天。九龙池九瀑飞挂，九泉相连。泰礴顶系昆嵛山主峰、胶东极巅，登顶观，一览众山小，苍海眼底收，不是泰山胜似泰山。

金朝时，莱州境内的武官村有一大户人家，户主姓刘，名百万。这刘百万娶亲已经过了整整八个春秋，始终没添上儿女。俗话说：三十无儿半辈孤。这对已过三十的夫妻，就是因为无儿无女怕绝后，所以整天怨东怨西，就连自己的鼻子眼也觉得似乎是多余的。夫妻俩在饭桌上不思茶食，在炕头上大眼对小眼，夫啼一长气，妻应一短喘，真是盼儿盼干了眼。

有一天，门外来了一化缘的道士，正巧和刘百万在大门前相遇。道士手持一铜钵，口中念道："施主莫忧愁，刘家会有后。"听了道士的话，刘百万感到愕然，觉得道士颇有来头，于是走到跟前问："请道长指明得儿之路，在下首付厚禄。"道士口念："善哉！善哉！出家人不贪财，以度化还朴为本，观施主之印堂，有儿缘。今黄河泛滥，灾民成队，施主若能开仓施舍米粥三年，普救灾民，儿子即可得，否则，儿子惚兮，恍兮。"道士说完扬长而去。

刘百万求子心切，当天就命家下人等在大门前搭了席棚，埋锅熬粥施舍灾民。道士的话确实灵验，刘百万舍粥三年，灾民们也都相继返回了自己的家园。一天夜里，刘妻梦见太基山射来一股紫气，紫气中有一只闪光的金蝉，飞入她的口中，她顿觉腹内一阵剧痛。她被痛醒了，觉得这梦来的蹊跷，于是叫醒丈夫，说了刚才做梦的经过。刘百万听了后，也觉得奇巧，马上穿好衣服，点上灯，仔细察看起妻子的肚子来。他用手摸，又把脑袋贴在上面听了又听，觉得妻子的肚子就是和以往不同了，像是有了异物在里面活动。这对夫妻再也睡不着了，二人就着梦，一直议论到天亮。

十月怀胎后，刘家真的生了儿子，乐得刘家夫妻召集亲朋好友们，庆贺了三天三夜。刘百万给儿子起名长生，号处玄。这长生，自小聪明过人，书法、诗词无不通晓。而刘百万忧虑的是，长生不喜孔孟之学，偏爱老庄之说，整天以道为家。到了娶妻之年，他拒绝了一切媒妁之言、父亲之命的提亲扯弦，每天东游西走，访道之志坚于钢铁。

大定己丑年的春天，长生寻真师不得，心情十分恍惚。于是在自家的花园里闲逛，以消胸中郁闷。他路过假山时，见假山的太湖石上题有一道诗，墨迹犹新，他走上前看个仔细，心想：好奇怪呀！诗竟没有上阕，而只有末两句："武官养性真仙地，内有长生不死人。"长生反复读着诗句，内心更感迷惑不解。心想，诗的墨迹未干，题写人却无踪影，果真是神仙的身法?! 他正沉在思考中，忽然从太湖石后面走出四个道士。走在前面龄高者，口中念道："善哉，善哉! 施主在意石上诗乎?"长生朝道长深施一礼，答道："弟子寻师游遍中原，不见真师不识道，实感茫然苍凉。"道长道：踏破铁鞋无觅处，得来全凭心静朴。今日在松之月下，你听我歌来：

钓罢归来又见鳌，

也知有分列仙曹。

鸣榔相笑知余意，

跃出红波万丈高。

长生听罢歌，惊悟片刻，忙跪倒尘埃，叩头拜师。道长扶起长生道："我乃全真派主王重阳，知你和全真有缘，今特和你的几位道兄来度化你。"继之又把马丹阳、谭长真、丘处机等给刘长生一一做了介绍。长生也和几位道兄行了见面之礼。王重阳今个特别高兴，因为他遵吕祖之旨，来昆嵛山布道，现在建成全真大教，长生是他应收的最后一个弟子，今天夙愿已了。他手持拂尘，仰天大笑，带着四个弟子向西秦云游去了。刘长生连父母也未辞别，自此出家修道去也。

刘长生随师王重阳云游到西秦终南山，恩师归位后，他和三位师兄守墓三年。三年满，他又从西秦回到莱州太基山灵虚宫修炼真身。

长生回灵虚宫的第二年，他开凿云溪洞时，当工匠们掘凿到数丈处，发现一古井，井内寒气凛凛。长生闻讯赶来，围古井走了一圈，然后对工匠说："你们接着凿吧，无须大惊小怪，等再凿数步，还会有二井出现，那就是我修真返朴的宿地。"果然凿了数步，真的出现了二井。长生来到二井边，等井内寒气过后，他俯身观二井，井底并无水迹，只是每一口井底的石硼上，各有一只金蝉在闪闪发光。在恍惚、闪忽之中，长生似乎见到了生养自己的母亲。他犯了疑心，怕是眼睛在撒谎。他揉了揉眼睛再看，这时井底什么也没有了，金蝉无了踪影。长生悟到："肉眼见到生母，就意味着自己还有樊笼里的形体。师父圆寂前，也曾交待过，我身上还存有一点凡尘债，必须励修苦行，方可灭云，否则前功尽弃。"于是即投身井底居之，洗凡灭俗，修真返朴。

数年后，在一个秋高气爽的日子里，太基山灵虚宫的上空盘旋着一只特大的仙鹤，鹤背上端坐着一个人。众道徒见是自己的师父刘长生坐在上面，一齐向他挥手高呼："师父，带我们上去游一游！"

仙鹤载着他向天空飞去，刹时就不见了。多么自在的逍遥游啊！好潇洒的一个刘长生，明德真人呀！

知识拓展九

昆嵛山民间故事——仙女麻姑

据说，自从昆嵛山的海水隐退之后，昆嵛山就以东海尽头的仙山所著名。那时，这座昆嵛山，峰峦叠嶂，林密草茂，山石玲珑，怪石横生，确是一块修仙宝地，因而引来麻姑修仙。据葛洪的《神仙传》记载："麻姑是建昌人，曾修炼于牟州（今山东省牟平区）东南的姑余山（今称昆嵛山）。东汉桓帝时，她应神仙王方平之召，降临于蔡京家。年方十八岁，能掷米成珠。后出家，修炼于此山，得道飞升。

麻姑修炼后，念念不忘昆嵛山区百姓的旧情，处处为昆嵛山人造福，人们非常敬仰和爱戴她。据传，尽管麻姑为昆嵛山施舍了许许多多山菜野果，挽救了众多苍生，但由于社会黑暗、官吏土豪盘剥名目繁多，山里百姓依然是赤脯露胸、食不果腹，无衣御寒。

山民王老五是一个老实巴交的山民，他对麻姑十分崇拜，经常面对南天祈祷，望仙女降福于百姓。一天深夜，王老五刚刚入睡，朦胧中，他见一仙女翩翩而来，她来到王老五跟前，口中念念有词："欲避风寒，去南山取衣穿……"王老五醒来，却是一梦，他很是奇怪，但又一想：白天所想，晚上所梦，何以为真。他又闭上眼睛睡去了。谁知，他头刚落枕，却又做一梦，情景同前梦一模一样，仙女的话，他记得清清楚楚。这时，王老五犯了心思，他想：梦梦有景，凡人不懂。莫非真的是南山有衣？

可又一想：凡梦非理，南山上自古尽是柞岚，岂能有衣？还是白天思衣心切罢了。于是他又睡去了，又如前景，仙女所言，如前梦字字不差。他刚要问明仙女话意，仙女已经飞升。王老五再也无法入睡了，他索性穿起了衣服，他想，连做三梦，梦梦如此，绝非一般。定是麻姑显灵，施舍衣物为我乡邻……时过五更，他来到东南山一看，哪里有什么衣物？只见一片碧叶肥柞。可再仔细一看，只见千万条毛虫虫在柞叶上蠕动，那食叶之声有如秋风沙沙。王老五惊喜交加。惊的是，其梦未解，这些毛虫虫怎么做衣穿？喜的是，从来也没有见过这番动人的景象。

于是他只得怀着不解的心情回家去了。后来，他每隔几天去察看一次，总想悟出其中的奥妙。经过数日以后，这些奇怪的毛虫虫忽然不见了，所见到的却是一个个肥大的白蛋蛋、黄蛋蛋。柞叶包护，挂在柞梢上，王老五不解，回家召集众乡邻观看。众乡亲来到南山，把一个个白蛋蛋、黄蛋蛋握在手里，捏来捏去，突然有人从蛋蛋上抽出几根细长的丝线，王老五一见，略有所思，只见他手拍脑门，一声惊喊："有了！这丝线不正可以代替棉线织布吗？我们再也不愁没衣穿了！"

于是，王老五就把他几个月前梦见仙女之事说给大家听了，众人高兴得手舞足蹈，从此，山里人对麻姑更加敬仰和爱戴了！相传，有一年古历三月三日，王母娘娘邀请众家百仙开蟠桃会，为她生日祝寿。麻姑为给王母娘娘祝寿，便在绛珠河畔采灵芝酿酒。纯厚善良的山里百姓闻之此事，为了答谢仙女麻姑的恩赐，这日，纷纷做寿桃，敬献给麻姑带去西天给王母娘娘祝寿。

人们为了缅怀麻姑施舍蚕种，旧时祝女寿者多绘麻姑像赠送，人称"麻姑献寿"。至今诸多刺绣工艺和艺术品里，人们仍然可以领略到麻姑手擎寿桃、乘长风、驾祥云为王母娘娘祝寿的美丽形象，引起人们无限的遐思。

知识拓展十

烟台工贸技师学院简介

烟台工贸技师学院于1989年建校，是隶属烟台市人民政府、直属于烟台市人力资源和社会保障局的一所全日制技工学校。2007年与烟台清泉学校成功合并，开创了山东省职业教育与基础教育合作办学的先河；2008年，在烟台市劳动局服务技术学校的基础上，升格并更名为烟台市商贸高级技工学校；2009年，经山东省人民政府批准，学校升格为副厅级，属差额拨款事业单位；2012年9月10日，经山东省人民政府批准，烟台市商贸高级技工学校改建为烟台工贸技师学院，成为培养技师、高级技工等高技能人才的最高学府。先后被确定为烟台市"金蓝领"高技能人才培训基地、山东省船舶制造业人才培训基地、烟台市高技能人才培训中心、烟台市蓝色经济技能人才培育中心、烟台市鲁菜研究所、山东省高技能人才培训基地、山东省技师工作站、全省职业教育培训研究先进单位、山东省职业技能鉴定先进单位、中国鲁菜学府、中国鲁菜研发基地。

学院位于风光秀丽的烟台市莱山区，依山傍海，交通便利，与烟台大学、山东工商学院、滨州医学院等众多大学毗邻，文化氛围浓厚。学院占地面积200余亩，在校生7000余人。拥有数控加工、金属切削、数控仿真、电子电工、电力拖动、汽车维修、焊接、口腔工艺技术、电脑艺术设计、导游模拟、烹饪等专业实验实训室60余个、标准教室140个。教学和实训设施齐全，能够满足教育教学的需要。

近年来，学院始终坚持"抓两头、促中间"的工作思路，不断完善招生就业网络，提升教学管理质量，培养了一大批业务过硬、素质优良的技能人才。这些人才活跃在机械加工、电子装配、焊接汽修、餐饮服务、商贸旅游、艺术设计等领域，有的已成为业务骨干和行业精英，为服务地方经济发展、促进经济转型升级做出了突出贡献。截至目前，累计为社会输送了7万余名专业技术人才。

学院存在四个方面的办学优势：

一、热门专业紧扣市场　培养层次灵活多样

学院专业设置紧扣市场需求，开设机电工程系、船舶与车辆工程系、应用设计系、商贸旅游系、烹饪管理系5大系部20余个热门专业。烹饪专业是山东省重点专业和名牌专业，多次参加省、国家级烹饪技能大赛，首次填补了我市烹饪专业获得国家级奖项的空白；空港服务与乘务专业是山东省优秀劳务品牌，面向机场地勤、航海运输等领域培养高端服务精英人才，吸引人民大会堂、钓鱼台国宾馆、国家首长专列等众多"国"字号企事业单位提前抢聘人才；学院与德国牙科技术协会合作开设口腔工艺技术专业，是山东省唯一开设本专业的学校，培养高水平的口腔工艺技师（加工义齿）。另外，数控、钳工、电子、焊接、汽修、电脑艺术设计、形象设计、酒店管理、导游、物流、会计、商务助理等都是学校重点发展的专业，就业前景十分广阔。

学院培养层次灵活多样，面向初中生开设3年制中级技工、4年制高级技工、5年制技师班，面向高中生开设2年制高级技工班、3年制技师十大专班，面向高职大专及同等学历开设2年制技师班。学院是省人社厅在烟威地区技校范围内批准的唯一一所大专教育试点学校，就读机械加工与数控技术、机械装配与维修技术、工业电气自动化等专业的学生，在院期间考试合格后就可获取青岛科技大学专科学历。同时，学院与山东理工大学、国家开放大学等高等院校合作，学生在校期间可以通过报考成人教育、函授取得专科或本科学历，真正做到学高级技能、拿高等学历两不误。

二、名师专家传道授业　教学改革风生水起

学院重视师资队伍建设，采用内部培养和外部引进相结合的办法，建立了一支师德高尚、业务精湛、结构合理、充满活力的教师队伍。现有教职工近500人，"一体化"教师达56.1%。近年来教师在各类刊物上发表论文200余篇，编著校本教材50余部，150多人次荣获山东省首席技师、全国技工院校优秀教师、中国技工院校突出贡献奖、中国技工院校优秀班主任、烟台"五一"劳动奖章、山东省高校"三八"红旗手、山东省高校"科教兴鲁"优秀共产党员、烟台市技术能手等荣誉称号。在国家、省市优秀教研成果拼评比和说课比赛中，学院综合成绩连续多年位居技工院校首位。

教学管理方面，大力实施行动导向教学、项目教学、理论实践一体化教学和职业活动导向教学，提高教学质量和效益。首先，通过"教学节"、推门听课、优质课观摩等活动的开展，夯实教学基本功，提升教师综合素质，营造勤于钻研、善于思考、乐于奉献、敢于创新的教学氛围。其次，借鉴广州工贸技师学院等优秀院校办学经验，编写符合专业特色和校情学情的校本教材，以专业为单位完善实践专家咨询委员会制度，不断构建一体化课程体系。再次，以服务教学管理中心工作为宗旨，加大教学科研力度，推行产学研一体化教学，先后启动了商贸实训商店、汽修实训中心、烟台市高技能人才培训中心、烟台市鲁菜研究所等实体单位，将实训、教学、科研、生产融为一体，从而形成"学以致用"、"学用结合"的全新教学模式。

三、星级服务全程管理　内外兼修培育精英

学院提出"人文教育、人格塑造、人本管理、人性服务"的工作理念，通过制度育人、管理育人、文化育人和服务育人，培育德技双馨的高技能人才。具体措施为：

——制度育人。梳理工作标准和工作流程，明确岗位职责和分工，提高管理的针对性和实效性。建立和完善一系列安全和管理制度，做到凡事有章可循、有据可依，为创建平安、文明、和谐校园筑牢防线。

——管理育人。牢固树立"为学校负责、为学生负责"的意识，通过五常管理、定期谈心、定点帮扶、企业回访、假期家访等形式，架起校企之间、家校之间、师生之间沟通的桥梁，逐步构建全方位、全过程跟踪管理体系，培养学生养成了良好生活习惯和职业道德。

——文化育人。每年组织开展一系列情趣高雅，融知识性、娱乐性、教育性于一体的第二课堂活动，以及敬业、乐群、明礼、守法、诚信、孝敬、心理健康等主题教育活动，营造出积极向上、格调高雅的校园文化氛围，使广大学生受到陶冶，

得到教益。

——服务育人。打造无后顾之忧的高品质校园生活。就餐开职教系统之先河，实行统一交费、统一配餐，确保学生获得均衡的营养搭配，同时杜绝学生乱花钱、搞攀比。实行封闭式管理，冷热水供应、电视、暖气、太阳能洗浴、超市等生活设施一应俱全，为学生安心生活、学习提供了可靠的保障。

四、招生就业网络完善　社会声誉逐年攀升

学院坚持"全员招生、全面招生、全方位招生"的指导思想，紧抓春季分流、中考、高考三个时间点，采取走村串户与广告宣传相结合的模式，与学生及家长进行面对面交流，将技工教育的就业优势和利好政策送到学生家中，做到"以亮点吸引学生、以情感打动学生、以服务留住学生"。招生范围方面，在稳固烟威地区招生市场的同时，在吉林通化、甘肃西和、山西汾阳等地区设立招生点，扩大招生区域，吸引省外生源。招生方法不断创新，通过集体家访、电影下乡、制作刊板、悬挂条幅等形式，扩大学校的影响力和知名度。目前，学校共建立招生点166个，连续四年招生在1800人以上，为学校发展提供充足生源保障。

学院不断寻求校企合作的切入点和共赢点，选择有实力、有影响力、有社会责任感的优质企业合作，建立校企合作的长效机制和完善网络。校企合作方式有：以专业为单位成立专家咨询委员会，引进150多名企业专家、技术骨干参与教育教学全过程，提升实训教学水平；定期组织校企联谊会、校企专题座谈会，就课程改革、工学结合、资源共享、产学研等课题与企业进行深入交流和探讨，将市场最新动向传递到教学一线；组建了"中金数据班"、"舒朗人才储备班"、"振华量贩人才储备班"、"达润汽车班"、"斗山机械班"等20多个企业冠名班、定向培养强化班，为企业提供针对性更强的人才储备库；积极联动27家紧密型合作企业，在相关专业中开展工学结合，把课堂延伸到企业车间和工作现场，使学生身临其境感受企业工作流程和文化氛围。目前，学校与人民大会堂、钓鱼台国宾馆、国家首长专列、东岳汽车、来福士船厂、大宇造船、乐金显示、山东核电、大连航运、斗山机械、北方奔驰、中国移动、中国石化、邦达影视基地以及众多优质餐饮企业等600家企业建立长期合作关系，为学生择业提供优质顺畅的渠道，实习就业安置率连年达98%以上。

为满足教育教学日益发展的需求，学院正在筹建新校区。根据规划，新校区坐落于莱山区成龙线以南、结子沟村以东区域，规划总用地面积400亩，总建筑面积26万余平方米。新校区于2013年4月中旬开工，力争2017年秋季学期开学前建成并投入使用。新校区规划突显现代化、信息化、生态化、地域化、景观化校园特征，形成"一轴、二纵、三横、八区"的功能布局，办公区、教学区、实训区、生活区、

运动区等功能定位明确,服务设施完善,体现了教学与科研、实习与培训的协调融合,使校园具备科学和文化氛围以及自身的鲜明特色和归属感,建成后将成为我市职业院校中独具特色的一道风景线。届时,学院在校生规模将突破一万人,专业达40个。

潮平两岸阔,风正一帆悬。烟台工贸技师学院全体师生将以学院成立为新起点,充分利用职业教育的利好政策,抢抓机遇,乘势而上,为服务地方经济发展培养更多的复合型、创新型高技能人才,力争短时间内把学校建设成设施先进、特色鲜明、体系完备的省内一流技师学院,为实施科教兴市、人才强市战略做出应有的贡献。

知识拓展十一

商贸旅游系简介

商贸旅游系设有空港服务与乘务、旅游服务与管理、会计电算化、现代物流管理、电子商务、导游服务、幼儿教育等专业,学制分二年、三年、四年、五年,招生对象面向初、高中毕业生及同等学历者,分设高级技工、中级技工两个培养层次。

商贸旅游系现有专任教师90名,分属十个教研组,组成一个团结协作、锐意进取、不断争先创优的团队,在各项工作中取得了令人瞩目的成绩,多次被学校评为先进集体,2012年被山东省高校工委评委山东省高校三八红旗集体。

商贸旅游系自成立之日起,结合开设专业的特点,始终坚持以育人为目标,重视学生思想品德、职业道德、人生观、世界观、价值观及行为习惯养成教育,帮助学生树立正确的人生观、世界观、价值观,引导学生"读好书、唱好歌、讲礼貌、做文明人",使学生的文明礼仪素养、综合职业能力不断提高。2011年系里提出了"内强素质、外塑形象,创品牌专业、做品牌师生"的口号,以建设优良的系风、教风、学风为核心,以优化、美化育人环境为重点,积极推进行动导向教学改革,不断修改完善各专业教学计划,使各专业培养目标贴近用人单位工作需要。

为了密切校企合作,拉近学生与用人单位之间的距离,使学生在校学习期间就能了解实习就业单位的企业文化、工作环境、岗位要求,商贸旅游系从各用人单位聘请了近十位专家、一线管理人员到校授课,同时积极推进工学结合、校企合作联合培养模式,使学生到岗位一线带着训练课题进行实习,使学生的专业技能得到进一步的提高。

近年来,商贸旅游系的学生由于良好的职业形象和专业素养得到用人单位的一致好评,众多用人单位到我校挑选商贸旅游系的学生,遍布全国各地,如人民大会堂、钓鱼台国宾馆、国家大剧院、山东航空公司、厦门航空公司、南方多家船务公司、大连船务公司、烟台渤海轮渡、烟台交运集团、华夏银行、农业银行、烟台联通、电信、移动公司、烟台大剧院、烟台中心大酒店、碧海饭店、烟台百纳餐饮有限公司、烟台南山皇冠假日酒店、烟台丽景海湾酒店、烟台海通物流、朗越物流、烟台振华连锁集团、家家悦连锁超市、山东银座商城股份有限公司、中粮集团君顶高尔夫俱乐部、山东舒朗服装服饰有限公司等优质企业与我校建立了长期合作协议，接受我校学生实习、就业。

参考文献

1. 浙江省教育厅职成教教研室组：《导游实务》北京：高等教育出版社，2010.
2. 烟台市旅游局：《烟台导游词》，烟台：黄海数字出版社，2012.
3. 全国导游资格考试教材编委会：《导游实务》，山东：科学技术出版社，2012.
4. 山东省旅游局人事教育处：《山东省导游词》，山东：科学技术出版社，2008.